未来の中国年表
超高齢大国でこれから起こること

近藤大介

講談社現代新書

2480

はじめに

13億9216万2603人――。

これが、2018年5月26日午後2時31分時点での中国の推定人口である。まもなく14億人に達する。

北京に本部を置く中国政府系の人口調査機関、中国人口発展研究センターのウェブサイト「中国人口情報ネット」が、刻一刻と増えていく中国の人口を、休むことなく刻んでいく。

こうして、まばたきしている間にも、ポトリ、ポトリと、新たな中国人が生まれ落ちていくのが分かる。人口とは、出生者数マイナス死亡者数だから、実際にはさらに早いスピードで、中国人の新生児が誕生していることになる。

中国の人口は、もちろん世界一だ。日本の総人口1億2659万人（2018年1月現在）の約11倍の人口を擁している。

実際には、中国の人口は、古代からほとんど変わらず世界一で、いまや「中華民族の偉大なる復興」をスローガンに掲げる習近平《しゅうきんぺい》政権は、人口にモノを言わせた「強国建設」に余念がない。陸路と海路で中国とヨーロッパを結ぶ経済圏構想「一帯一路」は、「人口14億の大国」が主導するから、80以上の国や国際機関が提携協議に署名したのだ。これから世界で起こる第4次産業革命の主役・ＡＩ（人工知能）の発展を左右するのがビッグデータだが、「14億人のビッグデータ」を有する中国は、圧倒的に有利だ。

こうした点を勘案すると、21世紀の世界は、最大の人口大国で、かつ10年以内にアメリカを追い越して世界一の経済大国にのし上がる見込みの中国が、「わが世の春」を謳歌する世紀のようにも思える——。

中国政府も少子高齢化対策に必死

ところが、世界一の人口大国にも、悩みは尽きないのである。

２０１８年4月、中国政府の経済ミッションが、日本を視察に訪れた。「中国経済の司令塔」である国家発展改革委員会の官僚を中心とした錚々《そうそう》たるメンバーだ。旧知の彼らに会いに、宿泊先のホテルを訪れると、興奮気味に、その日に撮影したというスマートフォンの写真を見せてくれた。

「今日は本当にすごい老人ホームを視察してきた。館内は、最新式の車椅子で移動可能、車椅子からアームが伸びて、ベッドや浴槽に身体を自動で持ち上げてくれる。館内のジムでは、自分で手足を動かさなくても、機器が手足をくるんだ状態で運動できてしまう。食堂でランチを食べたが、ほとんど噛まないで呑み込めるカツカレーが出てきた……」

このところ自信満々の中国の経済官僚たちから、「日本はすごい」などと誉められたのは、久方ぶりのことだった。

その日、彼らが視察したのは、神奈川県にある大型の老人ホームだった。5日間の「視察日程表」を見せてもらったが、アポイントを入れているのは、老人ホームや介護士の養成施設、厚生労働省の年金や介護保険の担当者などばかりだった。彼らは言った。

「中国は今後、人類が未体験の規模の、巨大な少子高齢化社会に突入する。それなのに、いまだ充実した年金制度や老人ホームなどのセーフティネットが敷かれておらず、介護保険法すらない。次の第14次5ヵ年計画（2021年～2025年）は、少子高齢化時代への対応という『人間の安全保障問題』がメインテーマになるだろう」

このように彼ら自身が、世界一の人口は必ずしもプラスにはならないと悟り始めているのである。

たしかに思い起こせば、今日の中国では、「人口」に関係した流行語が、いくつも生まれている。四二一家庭、積分落戸、空巣青年、脱貧攻堅、学歴通脹、消費革命、中国式離婚、双創、竜象打仗、未富先老……。これらは肯定的に使われているものもあるが、否定的な意味合いで使われるものも少なくない。世界最大の人口大国ということは、「光」が大きい分、「影」の部分もまた大きいのである。

それでは、具体的に近未来の中国で、いったい何が起こるのか？　「最も信頼できるデータ」と言える人口の詳細なデータをもとに、年表形式で描いてみることにした。それが本書である。

悠久の中国史を振り返れば、中国で初めて人口統計の記述が見られるのは、周（東周）の時代の西晋で書かれた『帝王世紀』である。東周荘王13年（紀元前６８４年）から人口調査を始め、「料民（人口）は１１８４万７０００人」と記載されている。

以降、世界広しといえども、中華民族ほど人口調査に熱心だった人々はいない。それは年貢を徴収し、男子を徴兵するという現実的な問題が主な理由だったろうが、それに加えて、人口の詳細を分析すると国家の行く末が予見できたからではないだろうか。

さあ、近未来の中国がどうなっていくか、その扉を開けてみよう！

近藤大介

目次

※文中敬称略

2018年

中国でも「人口減少時代」が始まった

長年にわたる「一人っ子」政策が、少子高齢化時代を大幅に早めてしまった。しかも日本と違って、国の社会保障制度が十分に整っていないまま少子高齢化へと突入することになる。

キーワード

四《スー》二《アル》一《イー》家庭《ジアティン》

出生数が１７８６万人から１７２３万人へ

２０１８年１月20日、中国で衝撃的なニュースが報じられた。２０１７年の出生数が減少に転じたというのだ。

国家統計局の李希如《りきじょ》人口就業司長（局長）は、次のような事実を明かした。

「２０１７年のわが国の出生数は、１７２３万人だった。２０１６年の出生数は１７８６万人だったので、小幅の減少となった」

中国では、後述するように、２０１５年10月に開いた「5中全会」（中国共産党第18期中央委員会第5回全体会議）で、長年続けてきた「一人っ子政策」（独生子女政策）を完全に廃止し、

「二人っ子政策」（全面両孩政策）に転換した。すなわち一家庭あたり二人まで、子供を生んでよいことになったのだ。

これは主に、近未来に中国に到来することが確実視されている、世界最大の高齢化社会を、習近平政権が恐れたためだった。少子高齢化が世界で一番進んでいるのは日本だが、中国は後述するように日本に遅れること約30年で、同じ道を歩んでいる。そこで、いまから若い人口を増やそうという国家戦略を打ち出したわけだ。

ところが、全面的な「二人っ子政策」元年とも言える２０１７年に、出生数は増えるどころか、63万人も減少してしまったのである。２０１７年の日本の出生数が94万１０００人なので、日本の年間出生数の、実に3分の2の規模も減少してしまったことになる。

「子育てをする20代女性」が６００万人も減っている！

中国で、戦争や飢餓が発生したわけでもない。それなのにいったいなぜ、こんなことになったのか？　前出の李司長は、次のように釈明している。

「出生数が減少した主な原因は、ひとえに一人目の子供の出生数が減少したためだ。２０１７年は、わが国が全面的な『二人っ子政策』を実施して2年目にあたり、この政策の効果が表れた最初の年だった。実際、この政策の影響を受けて、２０１６年の二人目の子供

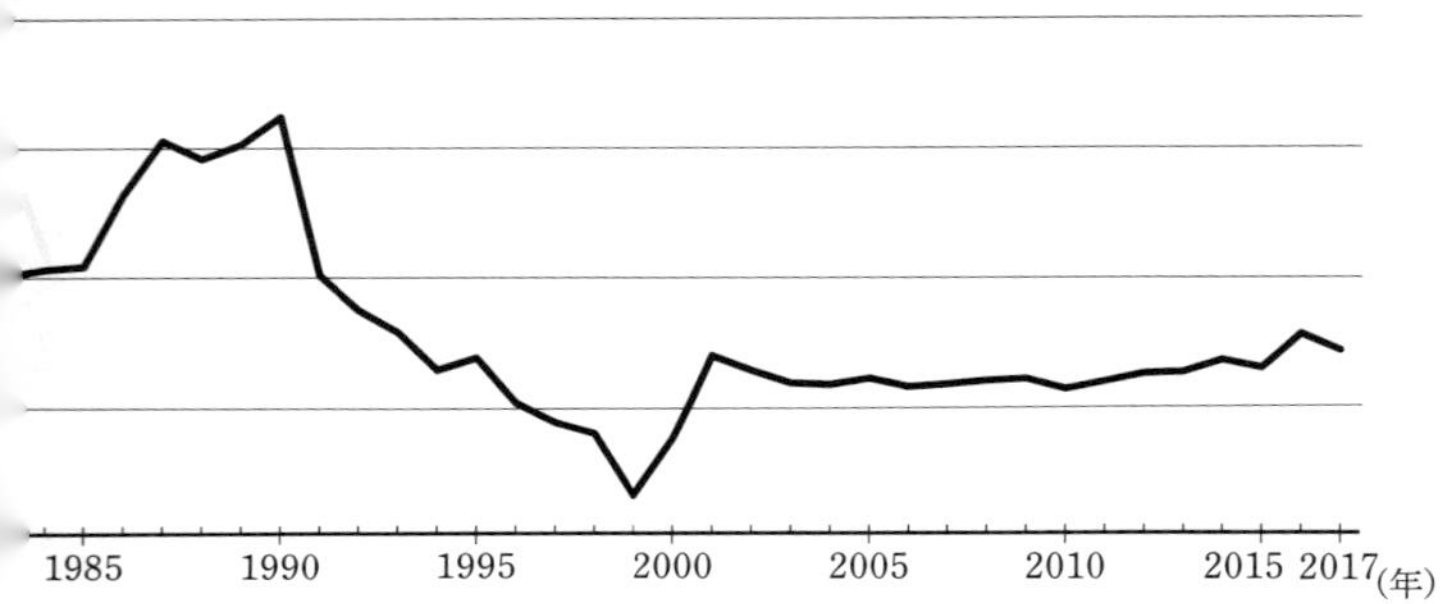

の出生数は、大幅に上昇している。２０１７年に至っては、二人目の子供の出生数はさらに上昇し、２０１６年よりも１６２万人増えて、８８３万人に達したのだ。出生数全体に占める二人目の子供の割合は51・２％で、２０１６年に較べて11％も上昇している」

何とも苦しい言い訳である。二人目の子供の出生数が増えるのは、それまで長く「一人っ子政策」を貫いてきて、二人目の子供がほとんどいなかったのだから、当然のことだ。

それでは、「二人っ子政策」を完全実施したにもかかわらず、一人目の子供の出生数が減少した原因は何なのか？　李司長は次のように説明している。

「ここ数年来、わが国の人口構成の変化に伴って、子育てをする女性が徐々に減りつつあるためだ。２０１７年、15歳から49歳までの子育て世代の女性の数は、２０１６年に較べて大幅に減少した。そのうち、20歳

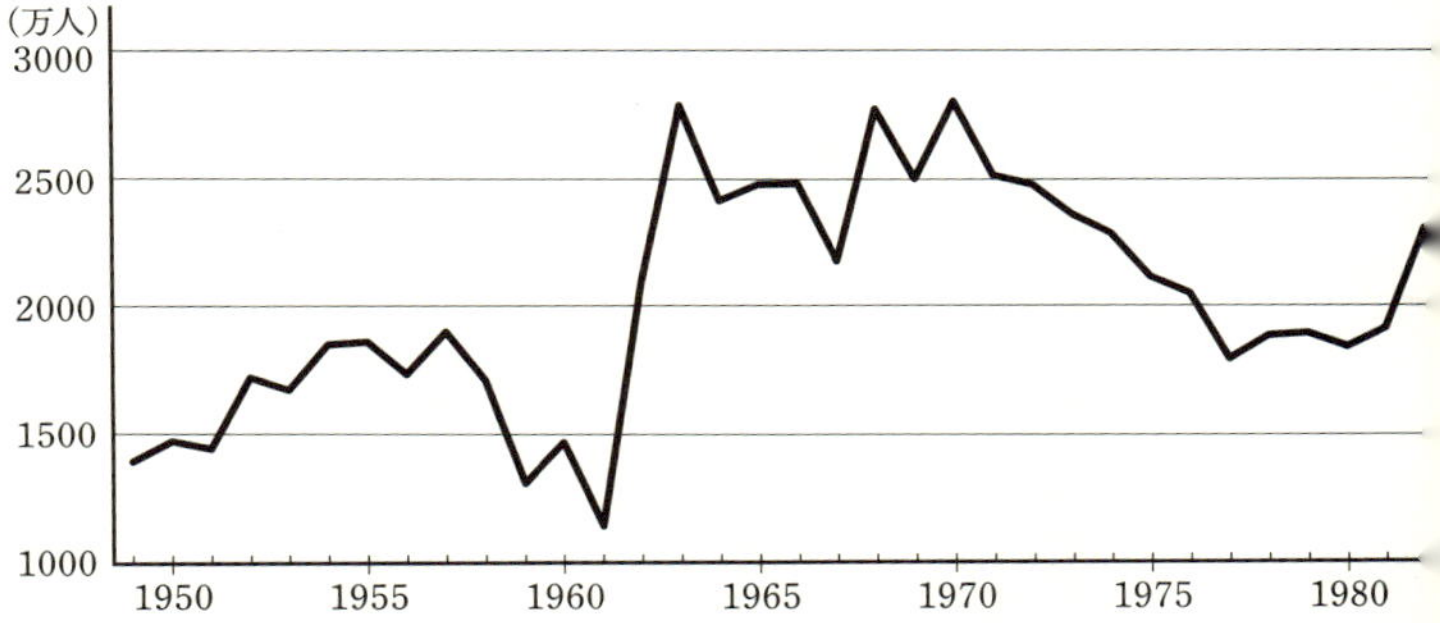

中国の出生者数（出典：中国衛生・計画生育年鑑他）

から29歳までの子育てが一番旺盛な年齢の女性は、600万人近くも減少している。同時に、経済や社会の発展に伴って、わが国の女性の初婚年齢と初出産年齢が、引き続き上昇している。しかも子育てを希望する女性の数も下降中だ。そんな中で、2017年の一人目の子供の出生数は724万人で、2016年に較べて、249万人も減少してしまったのだ。

総じて言えば、全面的な『二人っ子政策』の実施によって、二人目の子供の数は着実に増えている。そして二人目の子供の数の増加によって、一人目の子供の出生数の減少を、大幅にカバーできている。つまり、全面的な『二人っ子政策』は、わが国の人口ピラミッドを改善するのに有用で、人口の均衡的な発展を促進するものなのだ」

このように、「二人っ子政策」の弁護に終始したのだった。

それにしても、一人目の子供の出生数が、日本の3年分近くに相当する年間約250万人も減少するというのは、尋常な社会ではない。いったい中国で何が起こっているのか？

人口激増を懸念した鄧小平

まずは、中国独特の「一人っ子政策」について、簡単に説明しておきたい。

中国で「一人っ子政策」の推進役を果たしたのは、いまの中華人民共和国の「2代目皇帝」こと鄧小平《とうしょうへい》（1904年～1997年）である。鄧小平本人には、5人もの子供がいたにもかかわらず、人口抑制策にひどく執心な指導者だった。

農耕社会の中国大陸では、古代から「人口はまさに財富」（人口就是財富）であり、「人口が増加する国は必ず強くなり、戸籍が減る時に国は即ち衰退する」（人口増者国必強、戸籍減時国即衰）と言われた。そのため歴代のどの王朝も、基本的に人口増加策を国是としてきた。

人口は「人の口」と書く。人が存在するには口、すなわち食糧が豊富でないといけない。そして食糧を豊富にするためには、できるだけ多くの人々を、農作業に従事させる必要があった。古代から中国大陸において戦争が絶えなかったのは、一つは土地の争奪が原因だが、もう一つは人間の争奪戦だった。

1949年に、毛沢東《もうたくとう》が率いる中国共産党が、いまの中華人民共和国を建国した時、総人口は約5億4000万人だった。毛沢東政権は、過去の歴代政権と同様、ただちに人口増加を図った。

実際、20世紀前半の長きにわたった戦乱の世が治まったため、建国後にベビーブームが起こった。1953年に実施した第1回全国人口調査では、総人口が5億7420万5940人にまで増えている。建国から4年足らずで、3000万人以上の増加である。1950年から1954年までのベビーブーム時の人口増加率は、年平均で3・7％に達した。

ところが、こうした産めよ、殖やせよの政策に嚙みついたのが、当時、副首相兼財政相を務めていた鄧小平だった。

1953年8月、鄧小平は衛生部（厚生労働省に相当）が進める人口増加策に異を唱え、「避妊及び人口流産弁法」を発令した。これは、国民に避妊具（主にコンドーム）を提供して避妊を奨励し、中絶も是認する法令だった。

鄧小平は、こう主張した。

「中国では毎年1500万人も人口が増加している。このままでは将来の国民一人ひとりの生活向上が危うくなる」

当時は、人口増イコール国力増加と考える政治家や官僚、学者が多く、共産党内部で侃々諤々《かんかんがくがく》の人口論争が交わされた。その後、1966年からまる10年続いた文化大革命の嵐の中で、人口論争は封印された。だが、1976年に毛沢東が死去し、2年後の1978年に実権を掌握した鄧小平は、再び攻勢に転じた。

一組の夫婦の子供の数を、「最適一人、最高二人」とする新たな方針を発表したのだ。さらに、1982年9月に開いた第12回中国共産党大会で、「一人っ子政策」を国策と定めたのだった。加えて、同年12月に施行した中華人民共和国憲法でも、第25条でこう明記した。

〈国家は一人っ子政策を推進実行し、人口の増加を、経済及び社会の発展計画に適応したものにする〉

こうして中国は、憲法で家庭の出産数に制限を設けるという、世界でも稀有な国家となったのだった。

その前年の1981年には、国家計画生育委員会という強大な権限を持つ中央官庁を設置している。この官庁は、全国津々浦々まで傘下の機関や協会などを張り巡らせ、各家庭の状況に目を光らせていった。そして、二人目の子供を生んだ家庭には、多額の罰金を科したり、日本で言うところの村八分《むらはちぶ》的な扱いをしたりして、中国全土で「一人っ子政策」を推し進めていったのである。

その結果、1980年以降に生まれた人々、中国で言うところの「八〇後《バーリンホウ》」（1980年代生まれ）、「九〇後《ジウリンホウ》」（1990年代生まれ）、「〇〇後《リンリンホウ》」（2000年代生まれ）、そして「一〇後《イーリンホウ》」

（2010年代生まれ）は、基本的に一人っ子世代となったのである。2018年現在で言えば、だいたい30代から年齢が下の中国人だ。

日本の人口よりも多い「中国の一人っ子」

中国では、これまで計6回の全国人口調査を実施しているが、1990年の第4回以降は、10年に一度、西暦で末尾がゼロの年に行うことに決めた。

2010年に行った第6回調査において、一家庭当たりの平均規模は3・10人となった。「一人っ子政策」を始めてまもない1982年に実施した第3回調査では、4・43人だったから、大幅な減少である。一家庭の平均規模が3・10人ということは、夫婦を除けば、残りは1・1人。すなわち、「一人っ子政策」が、全国でほぼ完全に定着したことを意味している。特に、人口の91・51％を占める漢民族においてはそうだった（少数民族には「一人っ子政策」を適用しなかった）。

2010年の時点で、全人口13億3972万人中、一人っ子の数は、すでに1億4000万人に達していた。これは日本の総人口よりも多い数だ。

そのため当時の胡錦濤《こきんとう》政権は、その不自然な逆三角形の人口ピラミッドに、強い危機感を抱くようになった。このまま「一人っ子政策」を続けていくならば、中国はやがて、高齢者を支えきれない社会を迎えてしまうことは確実だからだ。

親と祖父母が子供を徹底的に甘やかす

その頃、「四二一家庭」という言葉が流行語となり、その弊害が指摘されるようになっていた。「四二一家庭」とは、祖父母4人、父母2人、子供1人の家庭という意味だ。一人の子供が「6人の親」に甘やかされて育つため、男の子は「小皇帝《シアオホアンディ》」、女の子は「小公主《シアオコンジュ》」(公主は皇帝の娘)と呼ばれた。

私は、2009年から2012年までの3年間、北京の日系文化公司で駐在員をしていた。その間、「小皇帝」や「小公主」に唖然とさせられることが、多々あった。

例えば、私が住んでいた朝陽《ちようよう》区のマンションで、隣室が、まさに「四二一家庭」だった。両親と祖父母は、ピエール・カルダンなどブランド物の子供服を、まるで着せ替え人形のように子供に着せていた。近くには、北京の最高級デパート『新光天地』があったが、最も広い売り場は、子供服売り場だった。週末ともなると、「四二一家庭」がどっと押し寄せ、大変な賑わいである。日本のミキハウスも入っていた。

また、近所のファミリー・レストランでは、親子連れが入ってくると、まずは親がｉＰａｄを取り出して、テーブルに設置してアニメ番組を流す。もちろん子供が見るためだ。

続いてメニューを取り出して、子供に何が食べたいか尋ねる。

子供は顎《あご》をしゃくって、「豚の角煮と羊の串焼きとエビのマヨネーズ炒め！」などと声を上げる。両親は「明白《ミンバイ》（分かった）」と言って、残りの注文を考えるのだ。

近所の幼稚園にも見学に行ったことがあるが、幼稚園の先生たちと話して驚いてしまった。何と幼稚園で一番問題になっているのは、児童たちの「幼年太り」だというのだ。「中年太り」というのは聞くが、「幼年太り」（児童発胖《アルトンファーパン》）という言葉は、その時初めて聞いた。

そんな光景を日々見ていると、「一人っ子政策」の弊害というのは、ひしひしと伝わってきた。

社会主義国家の中国では、「一人っ子政策利権」という言葉があるほど、この政策は各種利権の温床となってきた。そもそも「一人っ子政策」に関わる公務員だけで、中国全土に10万人以上もいた。そのため、既得権益者たちは声高に擁護論を叫び、再び激しい人口論争となったのだ。

一般に、中国が日本を反面教師としている事柄が、二つあると言われる。一つは日本のバブル経済の崩壊で、もう一つが日本の少子高齢化である。

アジアで一等先に先進国入りした日本を追いかけている中国にとって、バブル経済崩壊と少子高齢化は、絶対にマネしてはならない「二つの鬼門」だった。

ところが、そのどちらとも、日本とは比較にならない規模で襲ってくる可能性があった。特に、中国の人口規模は日本の11倍あるので、近未来に人類が経験したことのない少子高齢化の巨大津波が襲ってくるリスクがあったのだ。

激論！「二人っ子」は是か非か

そんな中、２０１３年3月に、「毛沢東の再来」と言われる習近平を国家主席とする政権が、正式に発足した。前任の胡錦濤主席と、その前任の江沢民《こうたくみん》主席は、自分をトップに引き上げてくれた鄧小平の路線を忠実に歩んできたが、習近平が手本とするのは、鄧小平よりも毛沢東だった。

実際、習近平政権は、「改革開放の総設計師」と仰がれた鄧小平の政策の一部を否定し始めた。「一人っ子政策」もその一つである。

同年11月、習近平政権の5年間の基本方針を定める「3中全会」（中国共産党第18期中央委員会第3回全体会議）において、初めて限定的な「二人っ子政策」を容認した。「夫婦のうちどちらか一方が一人っ子であれば、二人目を生んでよいという政策を始動させる」と、「公報」（コミュニケ）に明記したのだ。このコミュニケが出された翌日、中国政府で人口問題を統括する国家衛生計画委員会の王培安《おうばいあん》副主任は、次のように補足説明した。

「人口の事情は、地方ごとに異なるため、この政策は、中央政府主導ではなく、各地方自治体が主体となって行う。始める時期については各地方に任せるが、あまり遅くなってはならない」

物言いが婉曲的で、「各地方に任せる」としたのは、「一人っ子政策」の既得権益官僚が全国津々浦々までいたので、「激震」を恐れたのだろう。実際この頃、習近平主席は、江沢民派との権力闘争に明け暮れていて、人口問題で足をすくわれることは避けたかった。

それでも翌14年12月には、国務院（中央官庁）が「出産政策を調整、完備するための意見について」を発令し、限定的な「二人っ子政策」を始動させた。中国共産党としては、実に三十数年ぶりの路線転換だった。

だがその後も、この限定的な「二人っ子政策」について、人口学者たちの間で、「積極派」と「慎重派」に分かれて、激しい論争が交わされた。

「積極派」を代表する中国人民大学社会人口学院の翟振武《かくしんぶ》教授は、こう主張した。

「このまま限定的な『二人っ子政策』を実施していけば、出生率は1・8まで上昇するだろう。もしも今後、出産を全面的に自由化したなら、出生率は4・5前後まで上昇する可能性がある」

一方、「慎重派」を代表する北京大学人口研究所の喬暁春《きょうぎょうしゅん》教授は、異なる見解を示した。

「この限定的な『二人っ子政策』を実施しても、出生率はせいぜい1・7程度になるだけだ。政府が目標としている2・1には、遠く及ばない」

こうした中、国家衛生計画委員会は、次のような目算を立てた。

〈限定的な『二人っ子政策』の緩和条件を満たす夫婦は、全国で約1100万組に上る。この政策が実施されたなら、200万人を超える新たな新生児が、毎年誕生することになるだろう〉

だが、結果は惨憺《さんたん》たるものだった。限定的な「二人っ子政策」の実施から約1年半を経た2015年5月までの実績では、対象となった約1100万組中、二人目を生む申請が受理されたのは約139万組。国家衛生計画委員会の予測の7割程度にすぎなかったのである。

この結果に蒼くなった習近平政権は、ブレーキを踏むのでなく、さらにアクセルを吹かした。すなわち冒頭で述べたように、2015年に開いた「5中全会」で、ついに全面的な「二人っ子政策」へと舵を切ったのだった。そこで採択された「公報」には、こう記されている。

〈人口の均衡的な発展を促進するため、計画出産の基本的な国策は堅持しながらも、一組の夫婦が二人の子供を生んでよいとする政策を、全面的に実施する。人口の高齢化に対処する積極的な行動を開始するのだ〉

こうして2016年元旦から、「人口及び計画出産法」が改正され、中国は全面的な「二人っ子政策」の時代を迎えたのだった。

子供を生まなくなった3つの理由

私が北京に住んでいた2009年10月、中国は建国60周年を迎えた。当時、胡錦濤政権は、こう誇っていた。

「わが国の『一人っ子政策』によって、中国国内で4億人もの人口を減らし、世界人口が60億人を突破する日を4年間も遅らせる貢献をした」

だが重ねて述べるが、「一人っ子政策」による弊害は、いかんともしがたいものがあった。中でも最大の失敗は、少子高齢化時代の到来を大幅に早めてしまったことである。

そこで、遅ればせながら軌道修正したものの、冒頭でも述べたように、出生数が減少するという事態を招いてしまった。これでは、いったい何のための「二人っ子政策」かということになってしまう。

中国共産党幹部学校である中央党校の経済学者、陳江生《ちんこうせい》教授らのグループは、出生数の減少を招いた背景として、次の3点を挙げている。

①子育てコストの上昇

大都市においては、出産年齢が30歳前後まで上昇していて、これらの世代は、「親と子を同時に養う」事態に直面している（中国では、男性は60歳、女性は55歳で退職）。子供の養育費、学費、親の看病代、それに家賃や住宅ローンなど、家庭の出費はかさむ一方で、とても第二子を生む余裕などない。

②公共サービスの欠如

地方や地域によっては、小児科や保育園・幼稚園など、子供をケアする公共の施設が、いまだ十分に整っていない。そのため、第二子を生むことを躊躇してしまう。

③出産観念の変化

1980年代以降に生まれた若者たちは、そのほとんどが一人っ子であり、「子供は一人」という概念が定着している。加えて、「夫婦二人きりの生活を楽しみたい」というDINKS（共働きで子供を持たない）家庭が、不断に増加していて、北京・上海・広州を始めとする大中都市には、それぞれ60万戸を超えるDINKS家庭が存在する。

病院の診察整理券を狙うダフ屋たち

この3つの指摘は、いずれも的を射ている。

①の子育てコストの上昇に関しては、中国ではそもそも物価自体が、すさまじい勢いで上昇している。２０１７年のＣＰＩ（消費者物価指数）の上昇率は１・６％にすぎなかったが、私の肌感覚で言えば、物価は毎年1割程度上がっている。私は数ヵ月に一度、北京に赴き、スーパーやコンビニで売られている商品や、レストランのメニューなどを定点観測しているが、マクドナルド、スターバックス、吉野家などの価格は、いずれも２０１５年前後に日本を追い越した。

都市部の不動産価格の上昇も続いている。特に、若者たちの生活に直結する賃貸マンションの家賃の高騰がすさまじい。しかも、日本では賃貸マンションの契約期間は2年が原則だが、中国では1年が原則である。都市部の若者たちは毎年1回、「次の契約から家賃をアップする。嫌なら出ていってくれ」と家主に通告されながら、汲々と暮らしているのだ。

②の公共サービスの欠如に関しても、中国では、日本では想像もできないような現象が、数多く起こっている。私が北京に住んでいた頃は、病院の「挂号《グアハオ》」（診察の順番を示す整理券）を確保するために夜明け前から並んだり、「挂号」を高く売りつける「黄牛《ファンニウ》」（ダフ屋）が病院内に跋扈《ばっこ》したりということが起こっていた。ＰＭ２・５が都市部で悪化した際には、体調を崩す子供が続出したが、各小児科病院とも、まるで野戦病院のように混乱していたものだ。

③の出産観念の変化は、最近の中国の若者たちと話していて、如実に感じることだ。

これも北京駐在員時代の話だが、非の打ち所のない優秀な部下の女性が結婚した。ところが結婚相手の男性と会って驚いた。その男性には失礼だが、彼女とはとても不釣り合いに見える農村出身の野暮ったい青年だったからだ。何の魅力も感じられないばかりか、聞くと職も転々と変えていて、将来の展望もなかった。

そこで後日、彼女に、なぜあの男と結婚することに決めたのか聞いてみた。すると、彼女の答えに、二度ビックリした。

「早く結婚しろと親がウルサイけど、私は結婚しても、絶対に子供を生みたくなかった。それに同意してくれる男は、私の周囲には彼しかいなかったの」

貧富の格差が定着する

中国の専門家たちは決して指摘しないが、私は若者が結婚して子供を生まなくなったもう一つの理由は、「スマホ中毒」にあるのではないかと見ている。かつて清国は国民がアヘン中毒に陥って傾いていったが、いまの中国の若者たちは明らかに「スマホ中毒」である。

その結果、恋愛→結婚→出産という従来型のコースから外れていく。スマートフォンで遊んでいる方が楽しいからだ。後述するが、休日には朝から晩まで自宅でスマホをいじっている「空巣青年」と呼ばれる若者たちも急増している。

若者の「スマホ中毒」は日本でも同様だが、日本の場合、先進国になって社会インフラが整備され、介護基本法も敷かれた後から少子化の時代を迎えた。だが中国は、依然として世界最大の発展途上国であり、あらゆるものが未整備のまま、少子化に突入したのだ。

今後起こってくることは、貧富の格差の定着ではなかろうか。アラブの王様の子だくさんではないが、当然ながら生活に余裕がある家庭から、二人目の子供を生んでいくからだ。夫婦の給料は食事代と家賃ですべて消えていくという家庭は、二人目の子供どころか一人目の子供さえ躊躇《ちゅうちょ》する。その結果、「自分たちは貧しいけれども子供には豊かになってもらいたい」という、一世代前の親たちが抱いたチャイニーズ・ドリームが、消え失せていくのである。習近平政権のキャッチフレーズは「中国の夢」だというのに、皮肉なことだ。

２０１８年正月に私が北京で経験したことを述べよう。私は過去25年間、ほぼ毎年、正月を北京で過ごしているが、40歳になる北京市政府関連の仕事をしている友人（夫人は33歳）に、その2ヵ月前に二人目の息子が生まれた。そこで、お祝いに彼ら4人家族をランチに招待した。

彼の親が富裕層で、北三環路沿いの豪華マンションに暮らしている。そこから近い河南料理の大型レストランに入った。奥の静かな円卓に通され、若いウエイトレスに料理を注文した後、彼は言った。

「いま政府は、『三人っ子政策』を実施しようと画策している。だが若者たちは、誰も3人なんか生まないよ」

ほどなくウエイトレスが戻って来た。彼女はおもむろに、生まれて2ヵ月になる男児の頬を撫でながら言った。

「私がしばらく、赤ちゃんを抱っこしてあやしていますから、どうぞゆっくり食事を楽しんでください。なにせ私は今日、生まれて初めて『二人目の子供』なるものを目にしたので、嬉しくて仕方ないんです」

そういえば私も、二人目の子供を生んだ中国の友人知人というのは、眼前の夫婦が初めてだった。

何と貴重な赤ちゃんだろう！

2019年

首都・北京の人口もごっそり減る

自然減に加え、習近平政権の複雑な思惑と極端な政策により、この年から北京は大きく姿を変えていく。

キーワード

積《ジー》分《フエン》落《ルオ》戸《フー》

2万2000人の減少

北京の朝刊紙『北京晨報』（2018年1月20日付）のトップニュースが、現地でひとしきり話題になった。見出しは、「北京の定住人口が、過去17年で初の減少」。

中国人にとって、「人口は増えるもの」というのが常識だったため、衝撃的なニュースだったのだ。具体的には、次のような内容だった。

〈北京市統計局と国家統計局北京調査総隊は昨日、北京市の2017年経済データを発表した。（中略）2017年末時点での全市の定住人口は2170万7000人で、前年末に較べて2万2000人、率にして0・1％減少した。2000年以来、初の減少となる。

年齢別に見ると、0歳から14歳までの子供の定住人口は、226万4000人で、全体の

10・4％。15歳から59歳までの労働年齢の定住人口は、1586万1000人で、全体の73・1％。60歳以上の老人の定住人口は、358万2000人で、全体の16・5％だった〉
21世紀に入って17年目にして、初めて北京市の人口が減少したのだ。

北京の人口が減る本当の理由？


その理由について、北京市統計局の龐江倩《ほうこうせい》副局長は、次のように説明している。

「北京市の人口がマイナス成長に転じたことは、北京市の人口発展の変動の趨勢《すうせい》にマッチしたもので、次の4方面からの要素によるものだ。

第一に、全国的に見て出生率、死亡率、自然増ともに低下して、全人口は低速の安定成長を保持している。ここ数年来、全人口は毎年0・5％前後ずつ増えているものの、15歳から59歳までの労働年齢人口は、減少の傾向にある。

第二の要素は、大都市に人口が流入する速度が、次第に緩慢になってきていることだ。全国的に都市化（農村人口の都市部への流入）を進めるという政策のもとで、中西部（貧困地域）の発展のレベルは不断に向上し、都市と農村の格差はますます縮小している。同時に、大都市の新たな人口吸引力は、次第に弱まってきている。一部の省や市では、流入人口が緩和し、逆に大都市を去るUターン現象が見られる。

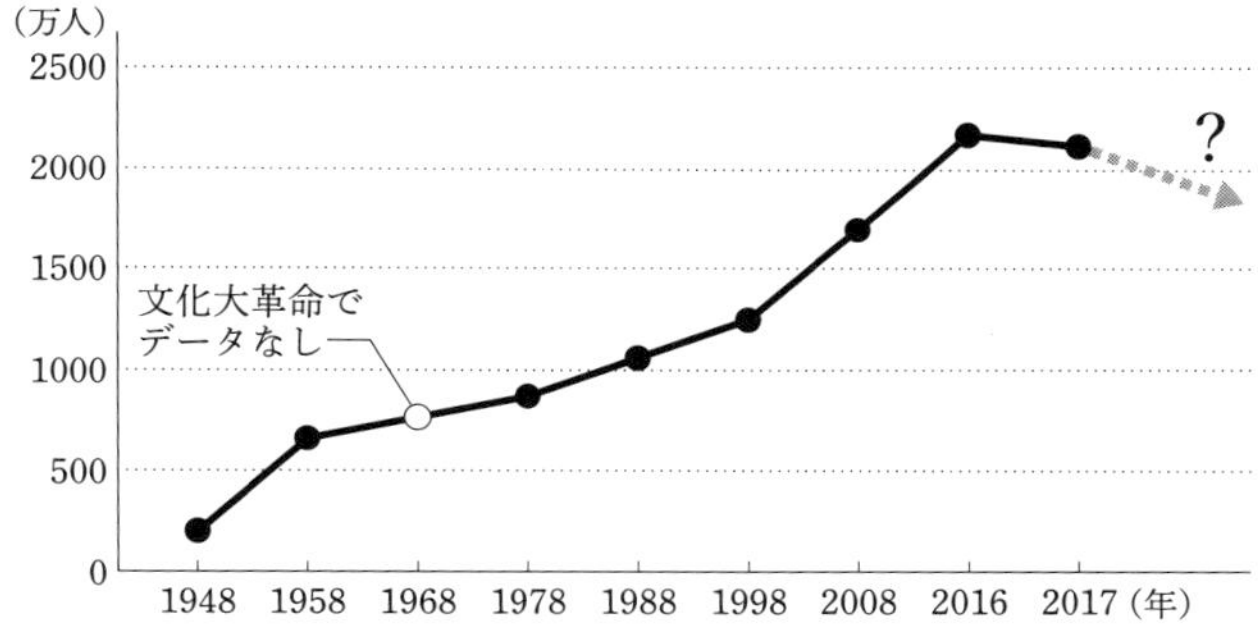

北京市の人口推移（出典：北京市統計局の資料をもとに編集部で作成）

第三の要素は、人口増と経済の成長、産業構造とが、密接に関連していることだ。経済の成長速度が緩やかになり、産業構造が改善していけば、就業人口の増加も緩やかになり、それが全人口数にも影響して、緩やかになっていく。２０１１年から２０１７年までの定住人口の増加速度と経済成長速度とを対比すると、両曲線の流れは一致している。

第四の要素は、２０１７年の北京市で、自然増加人口（出生数マイナス死亡数）が減少に転じたことだ。２０１７年の定住人口中の自然増加人口は８万２０００人で、２００６年に較べて７０００人減少している。その内訳は、出生数が約５０００人減り、死亡数が約２０００人増えたものだ」

このように龐副局長は、一見もっともらしい理屈を並べ立てている。

だが、私に言わせれば、首都・北京の人口が減りつつある理由は、ただ一つ。市中心部の「中南海」（最高幹部の職住地）に鎮座する「第5代皇帝」が、愛する故郷・北京の人口密度にご立腹だからである。すなわち習近平主席が、自分が若かりし頃の「旧《ふる》き良き北京」に戻したいのだ。

3億人の出稼ぎ労働者

中国の都市部の人口政策は、中国特有の戸籍制度と密接に関係している。そのため、習近平主席の「ご意向」について述べる前に、まずは中国特有の戸籍制度について説明しておきたい。

中国は、建国まもない毛沢東時代の1950年代に、全国民を「都市戸籍」（城市戸口《チエンシフーコウ》）保有者と、「農村戸籍」（農業戸口《ノンイエフーコウ》）保有者に二分した。そして「農村戸籍」保有者は、「単位《タンウエイ》」と呼ばれる公的機関からの許可証（紹介状）がなければ、都市へ向かう電車に乗ることさえできなかった。

もし勝手に都市部へ出て来たとしても、「招待所」（ホテルに相当）に宿泊を拒絶された。かつ、「都市戸籍」の住民に提供される「糧票《リアンピアオ》」（食糧引き換えチケット）を持っていないため、食事もままならない。そうして全国民の居住地と職業を固定化することで、社会主義国家の安定的発展を図ったのである。

もっとも、「都市戸籍」だろうが「農村戸籍」だろうが、「档案《ダンアン》」と呼ばれる個人の履歴書が、中国の戸籍簿には付いている。そして小学校に就学して以降、学校や職場で教師や上司から、当人への評価が次々と「档案」に書き加えられていく。街の中心部にある「档案館」と呼ばれる保管所は、人民武装警察がものものしく警備している。社会主義国である中国は、究極の監視社会とも言えるのだ。

1978年に鄧小平が改革開放政策に舵を切って以降、都市部は急速に発展していった。それに伴い、「農民工」と呼ばれる農村から都市への出稼ぎ労働者たちを、黙認するようになった。だが、彼らに許されたのは、都市部で生活することまでだった。「農民工」には相変わらず「都市戸籍」を与えなかったため、社会保障、結婚、子供の教育など、様々な面で、まるで外国人のような扱いを受けた。

「農民工」の都市部での悲惨な状況は、たびたび社会問題となってきた。そのため、多少の緩和が図られた。

例えば北京市では、市の戸籍がない児童でも、市内の公立の小学校と中学校は入学を受け入れることにした。ただし、義務教育でない高校からは、門戸を閉ざしている。そのため「農民工」一家は、遅くとも子供が高校に上がる時には、北京市を離れなければならない。北京市の郊外に多くのスラム街が生まれた背景には、家賃が安いことに加えて、子供の就学の問題があったのだ。

人力資源社会保障部の発表（2018年4月）によれば、2017年の全国の「農民工」の人数は、2億8700万人を突破した。彼ら全員に大都市の戸籍を与えていけば、大都市はすぐにパンクしてしまう。だがそうかといって、「現代版アパルトヘイト」と揶揄《やゆ》される中国の戸籍制度は、隣国の北朝鮮を除けば、世界に類を見ないものだ。このまま継続していけば、国際社会から非難を受けるばかりか、都市部の郊外にスラム街が増殖するなどして、国家の健全な発展を妨げるのは自明の理だった。

「特大都市」「超大都市」への移転はより厳しく

私が北京に住んでいた2010年の正月、当時の胡錦濤・温家宝《おんかほう》政権は、「今年は戸籍改革に乗り出す」と宣言した。そこで、その年の3月、全国人民代表大会（年に一度、毎年3月前半に開かれる国会）が始まる直前、北京の主要12紙が、「今年の全国人民代表大会では必ず戸籍改革を進めるべきだ」と主張する共同社説を掲載した。いまにして思えば、日本で言うところの「大正デモクラシー」のような大らかな時代だったのだ。ところが戸籍改革は、国家の根本を変える大改革となるため、官僚らの抵抗も大きかった。

結局、この年の全国人民代表大会で可決したのは、「次期の全国人民代表大会の代表メンバーに、農村代表を一定程度増やす」ということにとどまった。まさに大山鳴動して鼠《ねずみ》一匹である。以後、胡錦濤・温家宝政権は戸籍改革には口をつぐんだまま、習近平・李克強《りこくきょう》政権にバトンタッチした。

2013年3月に正式に発足した習近平政権は、「行動する政権」だった。発足から1年あまり経った2014年7月、『戸籍制度改革をさらに一歩進める意見について』という通達を出した。これは、中国は人口が多く、戸籍の事情は各地方によって異なるものであるから、各地方ごとに独自の戸籍制度改革政策を出すようにと促すものだった。要は、体よく地方自治体に責任を丸投げしたのである。

だが、地方自治体にしてみれば、本当に独自の戸籍制度改革を定めたりすれば、「独立王国を目指す第二の薄熙来《はくきらい》」（重慶市党委書記だった薄熙来は独裁に走って失脚し、2013年10月に無期懲役刑が確定）と糾弾されるリスクが高かった。そこで、どこも大同小異の計画を発表し、2016年8月に首都・北京市の発表があったところで、各地方の政策が出揃った。

それによると、各地方は、基本的に都市戸籍と農村戸籍の区別を、段階的になくしていく方向で、「戸籍制度改革を行う。ただし「特大都市」と「超大都市」においては、逆に、他の地域からその都市に戸籍を移すのに、現行以上に大きな制限を設けるというものだ。

中国では、人口500万人以上の都市を「特大都市」、1000万人以上の都市を「超大都市」と呼んでいる。ちなみに２０１７年の統計で、「特大都市」及び「超大都市」は、「城区人口」（市の中心部の人口）で見た場合は12都市、「総人口」（郊外も含めた人口）で見た場合は88都市もある。

北京市の戸籍改革計画では、「中心部６区（東城区・西城区・朝陽区・豊台区・石景山区・海淀区）の人口を、２０２０年までに２０１４年比で15％減らす」としている。こうした政策は、表向きは各地方自治体の自主的な計画としているが、実際は中央政府の方針に合わせたものと言えた。特に、首都・北京市は、習近平主席の意向を忖度《そんたく》したものと言える。２０１７年５月には、北京市党委書記（市のトップ）に、習近平主席の福建省及び浙江省勤務時代の忠実な部下だった蔡奇《さいき》が就任し、そうした傾向は一層強くなった。

自治体が住人を選抜する！

習近平政権による戸籍改革で、もう一つ興味深いのは、「積分落戸《せきぶんらっこ》」と呼ばれる新制度の導入である。これは、「特大都市」及び「超大都市」の戸籍を取得したい中国人を点数づけして、自治体が選別するというものだ。

２０１７年２月から、江蘇省の省都・南京市（人口約８３０万人）で、この「積分落戸」制度を、全国に先がけて試験的に始めた。

南京市では、新たに市の戸籍を取得したい外部の中国人に対して、全15項目に照らして、合計100点以上なければ戸籍の申請を認めないという制度を導入したのだ。申請者が大学を卒業していれば80点、所得税の納税額1000元（約1万7000円。1元＝約17円で計算。以下同）ごとに5点、持ち家1㎡あたり1点、年齢45歳を5点として、1歳減るごとにプラス1点……となっている。つまり、南京市にとって望ましい高学歴、高所得、低年齢の人に来てほしいということだ。逆に低学歴、低所得、高年齢の人には、南京市の戸籍を与えないと、門前払いを公言したのである。

「労働者階級が統率し労働者と農民の連盟を基礎とした無産階級による専政」を謳った中国憲法前文の理念は、いったいどこへ行ってしまったのかと思う。だが、ホンネとタテマエが異なるのは、中国の一大特徴でもある。ちなみに江沢民時代には「3つの代表」を党是に定め、資本家階級（富裕層）にも党員資格の門戸を開いている。

ところで、南京市の新制度で興味深いのは、申請者の点数が合計で100点以上あったからといって、与えられるのは、戸籍取得を申請する権利にすぎないという点だ。多数の申請者が見込まれるため、そこからまたふるいにかけて、ごく少数のエリートだけを、新たな南京市民として迎え入れようという意図が透けて見える。

首都・北京市でも、2018年から「積分落戸」が始まった。北京戸籍の申請資格があるのは、「北京市の居住証を持ち、法定退職年齢（男性60歳、女性55歳）に達しておらず、北京市で連続7年以上社会保険料を納めていて、刑事犯罪記録のない中国人」である。申請期間は4月16日から6月14日までで、9項目の指標に照らして、公開・公平・公正を旨として年末までに「合否」を発表するという。

9項目の指標とは、①安定した就業（社会保険料納付1年ごとに3点）、②安定した住居（市内に不動産を所有していれば1点）、③学歴（大卒15点、修士26点、博士37点）、④居住地（市中心6区なら2点）、⑤イノベーション・創業（先端企業勤務者2点）、⑥納税（個人所得税納税3年連続平均10万元以上で6点）、⑦年齢（45歳以下で20点）、⑧表彰（模範市民など表彰者20点）、⑨法律遵守（警察で勾留・処罰歴があればマイナス30点）などとなっている。

上海でも２０１８年5月１日から、「戸籍管理規定」を改定すると発表した。最大のポイントは、海外のグリーンカード保持者や海外に居住している上海市民の戸籍を剥奪するとした第46条だ。だがこの規定は、大いに物議を醸したあげく、施行が延期された。

「第二首都」誕生

実は北京市は、「積分落戸」よりも、さらに大胆な試みを、習近平政権になってから、すでに二つ始めている。一つめは、「第二首都」の建設である。

急ピッチで開発が進む雄安。2017年２月までは荒野だった……

２０１７年２月23日、習近平主席は、何の予告もなく、北京から南に１２５㎞ほど行ったところにある河北省の荒れ果てた農村を視察した。そこは、習近平主席がかつて１９８２年から１９８５年まで勤務した河北省正定県のすぐ近くで、雄安《シオンアン》と呼ばれる地域だった。その荒野に立った習近平主席は、ぞろぞろと同行した幹部たちを前に、大号令を発した。

「雄安を開発せよ！　この地を第二の首都にするのだ」

誰もが冗談かと思ったが、同年４月１日、中国共産党中央委員会と国務院は共同で、声明を発表したのだった。

〈鄧小平時代の深圳《しんせん》経済特区と、江沢民時代の上海浦《ほ》東《とう》新区に次ぐ第三の国家プロジェクトとして、雄安新区を設立する〉

計画によれば、短期プロジェクトとして１００㎢、中期プロジェクトとして２００㎢、長期プロジェクトとして2000㎢を開発する。そして雄安に「もう一つの北京」を建設する「国家千年の大計」を完成させるのだという。まるで秦の始皇帝が「阿房宮《あぼうきゅう》を建設する」と宣言したかのようだった。2200万北京市民は「目が点」である。

「いったい誰が、雄安くんだりまで行くのか？」

まもなく、まことしやかな噂が、北京で流布し始めた。

「どうやら雄安へ行かされるのは、習近平主席が嫌いなインテリと金持ちらしい。つまり北京の名門大学と、国有企業だ」

実際、移転する国有企業の「89社リスト」なるものが、WeChat（中国版LINE）を通じて、北京市民の間で拡散した。移転する大学のリストは出回らなかったが、北京大学や清華大学など、海淀区一帯に広がる名門大学だという噂が絶えなかった。

2017年夏、私は北京で、この「89社リスト」に入っている大手国有企業に勤める友人に確認してみた。すると彼は、ため息をつきながら、次のように心情を吐露した。

「本社が雄安に移る話は、まさに寝耳に水だったが、どうやら事実のようだ。しばらくは、いつ引っ越すことになるのかが気になって、誰もが仕事が手に付かない状態だった」

今回の一件で思い起こすのは、かつて毛沢東主席が文化大革命を起こし、自分に従順でない北京のインテリや地主出身者らを、根こそぎ農村に『下放《かほう》』（地方労働）した歴史だ。すでに北京に家を買っているわが社の社員たちは、途方に暮れている。また、この情報を事前に知っていた党の幹部連中が、雄安周辺の土地を事前に買い漁っていたなんていう噂も立っている」

実際、「第二首都」発表の翌日には、早くも雄安の地価は2倍にハネ上がった。それでもまだまだ上がると見て、中国全土から不動産業者や個人投資家たちが、雄安に殺到する騒ぎも起こった。

これまで嫁探しを諦めていた地元の農民たちは、俄然強気になって、「花嫁募集」のインターネット広告を出し始めた。それを閲覧してみると、いかにも野暮ったい写真の53歳の独身男性が、「25歳以下の女性限定。米英留学者優先」という条件を出しているのが目に留まり、思わず吹き出してしまった。なぜ雄安での生活に、英語が必要なのだろう?

習近平主席の大号令から1年あまり経った2018年初夏、雄安では、5000人以上の労働者たちが日々、急ピッチで「第二首都」の建設に邁進している。2020年2月には、北京市南部に建設中の新国際空港と雄安を結ぶ、全長92・4㎞の高速鉄道を開通させる。

2018年4月に北京で、前述の国有企業に勤める友人と再会した。彼に雄安の話題を振ると、もう吹っ切れたように答えた。

「現在、雄安で建設中の中心地の名前は、『央企一条街』(中央政府管轄の国有企業1番地)だ。

つまり、国有企業がごっそり移転するという噂は、事実だったわけだ。来年（2019年）から順次、移転していく。名門大学のほうは、まずは分校という形で雄安に新キャンパスを作ることになった。政府が『国家千年の大計』と呼ぶプロジェクトなんだから、どうせなら1000年くらいかけてゆっくり移転すればいいのに……」

国有企業や名門大学がごっそり雄安に移転すれば、首都・北京の人口が激減するのは確実である。

「低端人口」の一掃が始まる

習近平政権が始めた二つめの大胆な措置は、「低端人口《ディートアンレンコウ》」の追放である。

北京市民2200万人は、うち約6割が「本地人《ベンディイレン》」（北京戸籍保有者）で、約4割が地方からやって来た「外地人《ワイディイレン》」（非北京戸籍保有者）である。さらに「外地人」は、「本地人」と結婚するなど、北京の「単位」（職場・学校など）に帰属している人と、そうでない出稼ぎ労働者などに分かれる。その出稼ぎ労働者たちのことを、「低端人口」（下層の人々）と呼んでいるのだ。一昔前までは「農民工」と呼んでいたが、いまやとっくに農民を止めてしまった人々や、その子女らが多くなってきたので、このような俗語が生まれた。

「低端人口」は、北京市内に数百万人いるとも1000万人近くいるとも言われた。そもそも戸籍がないし、日々流動しているので、正確な人数は不明である。

北京の街頭を歩いたり、地下鉄に乗ったりすると、私のような外国人の目にも、「低端人口」はすぐに分かる。服装や身なりがみすぼらしいし、話している言葉も訛っていて外国語のように聞こえる。そして、「本地人」とは決して交わらない。

「本地人」から見て、「低端人口」が北京に住んでいるメリットは、何と言っても首都の3K（きつい、汚い、危険）仕事を、一手に引き受けてくれる点である。ゴミの収集から工事現場の労働、家庭の家事、ビルやホテルの清掃などは、彼らの手に託されている。換言すれば、「本地人」は「低端人口」のおかげで、快適なシティライフを享受してきたのである。

逆にデメリットは、「低端人口」がスラム街を作ったりして、犯罪が増加したり、街の景観が損なわれたりすることである。そのあたりは、ヨーロッパの移民問題とよく似ている。そしてヨーロッパ同様、ここ数年、「本地人」たちは「低端人口」のことを、冷ややかな視線で見てきた。

本地人と外地人の分断

私は一度、そのことを思い知らされたことがある。2016年11月に、北京を訪れた時のことだ。夕刻に市西部の海淀区で、旧知の中国人5人と会食の約束をしていて、少し早めに、宿泊先の市東部の朝陽区から、地下鉄10号線に乗った。私が乗った車両は、そここ混んでいて、空席がなかった。途中駅で、6人掛けの中央部分に座っていた男性が下車したため、その目の前に立っていた品のいい初老の婦人が、どっこいしょと座ろうとした。

その瞬間である。数メートル先から、汚らしい大型のカバンがビューンと飛んできて、空席を占拠した。婦人が仰天して振り返ると、臭い服を着た若い女性が走り込んで来て、席に座ってしまったのだった。割を食った初老の婦人は、いきり立った表情で叫んだ。

「外地人はいますぐ北京から出て行け！」

私は仰天して見ていたが、さらに驚いたのはその後だった。周囲の乗客が口々に、「外地人はいますぐ北京から出て行け！」と、婦人と同じセリフを口にして、座り込んだ若い女性を罵ったのである。その女性はと言えば、ボサボサの長髪を盾にするようにして、両手を耳に当てて俯《うつむ》いていた。

この話には、まだ続きがある。夕刻に会った5人の中国人は、いずれも北京の名門大学を卒業した北京戸籍の保有者、つまり「本地人」だった。私が「先ほど地下鉄で見た驚愕話」を開陳すると、この5人は異口同音に、激しい口調で「低端人口」に対する不満を炸裂させたのである。

「地下鉄の乗客たちの言う通りだよ。『低端人口』は、早く北京から追い出すべきだ」

「『低端人口』を追い出さないから、北京の街は汚いし、人騙しは跋扈するし、治安も悪い」
「あいつらは、ロクに（標準）中国語も話せないくせに、北京に住む資格なんかないんだよ」
「『低端人口』がいない時代の北京には、ＰＭ２・５の大気汚染もなく、平和な街だった」

「拆拆拆」される人々

おそらく、こうした「本地人」と同じ心情だったのが、生粋の北京人である習近平主席と思われる。そこで腹心の蔡奇北京市党委書記に命じて、「低端人口」の一斉追放に動いたのだった。２０１７年10月後半の第19回中国共産党大会と、11月前半のトランプ大統領訪中という「２大イベント」を、つつがなく終えた直後のことである。

習近平政権が取った手法は、ゴジラと同じだった。すなわち、「低端人口」が住むスラム街などを、片っ端から粉砕していったのである。加えて、合法的に借りられるアパートの家賃を引き上げた。そうすることで、住む場所を失った「低端人口」は、否応なく故郷の田舎に戻らざるを得なくなったというわけだ。

典型的だったのが、11月18日夜に、北京市大興区西紅門鎮新建村で発生した火災事故の一件だった。そこは７００ｍ四方に及ぶ大規模なスラム街で、火災によって逃げ遅れた19人もの住民が死亡した。すると、火災発生からわずか２時間後に、なぜか蔡奇書記と陳吉《ちんきつ》寧《ねい》代理市長（市ナンバー2）の姿が、揃って現場にあった。そして蔡奇書記は、「このような痛ましい事故を防ぐため、今後は違法建築は認めない」と宣言したのだった。

蔡奇書記は、翌日午前中にも、再び火災現場に赴き、そこで北京市の党委員会議を開いて、スラム街の撤去を決めた。そして住民たちに「48時間以内に撤去せよ」と命じた。その後は、ブルドーザーを何十台も繰り出して、わずか数日のうちに、大規模なスラム街を更地《さらち》にしてしまったのである。残ったのは、すでに気温が氷点下の中、住む場所を失って、茫然自失の体で立ち尽くす「低端人口」たちである。

習近平主席の全面的な後ろ盾を得ている蔡奇書記は、その後、北京市全体に、同様の指令を発した。これによって、合法と違法の間のような、道路に少し張り出した店舗やレストランなども、すべて撤去させられてしまった。中国語で「撤去する」という動詞は「拆《チャイ》」と言うが、「拆拆拆《チャイチャイチャイ》」という言葉が、たちまち北京で流行語になった。

習近平・蔡奇体制が「拆」したのは、建築物にとどまらなかった。「北京市看板標識設置管理規範」を発令し、市内のビルや建築物などに掛かっているすべての商業看板も、撤去の対象としたのである。「青空を取り戻す運動」の一環という名目だ。北京市民の最大の頭痛の種だった冬季のＰＭ２・５を一掃するのは結構だが、そもそも商業看板と大気汚染とは何の関係もない。

スキンヘッドの蔡奇書記は、「北京をハゲにするハゲ」と揶揄されたが、容赦なかった。12月までに、1万を超える市内の看板を撤去してしまったのだ。さらに2018年3月まで、市内の一切の工事を禁止した。個人で自宅の部屋を改装することさえ禁じたのである。

これで首都の風景は一変した。2018年正月に北京を訪れた私は、言葉を失った。「北京の新宿」こと西単《シータン》に足を運んでみると、もはやデパートの前に立っても、そこがデパートであることさえ分からなくなってしまっていた。いったいこれは、何なのだろう? まるで大型ハリケーンが通り過ぎた後のような光景だ。過去25年間ほぼ毎年、正月に北京に来ている私も、こんな経験は初めてだった。

看板広告を降ろされた「北京の新宿」西単のデパート（上）と、立ち退かされた店舗群（下）

ある商業ビルの関係者に聞くと、「ある日突然、トラックがやって来て、そこから降りた人々が、勝手に看板を撤去していった」という。「撤去費用は取らなかったが、その代わり撤去した看板を持ち去っていった。高価な看板だったので、どこかへ転売したのではないか」とボヤいていた。この国で庶民に認められているのは、ボヤく権利までなのだ。

20年前にタイムスリップ

２０１８年元日の午後、天安門広場の西北に広がる人工湖「后海《ホウハイ》」の畔《ほとり》を歩いてみた。后海と言えば、胡錦濤時代に市内有数のカフェバー通りができ、１００軒を超える洒落たカフェバーが、軒を連ねていた。私も北京に住んでいた当時、日本から訪問客が来ると、よく案内したものだ。かつて皇帝の園庭だった后海と、モダンなネオンのミスマッチが面白く、夏の夜など、カフェバーのテラス席で、シャンパン片手に悠久の歴史に浸ることができた。こうした風景は胡錦濤時代には、換骨奪胎した新たな北京文化の象徴とされていた。

ところが、すでに景観を損ねるとの理由でカフェバーの多くが撤去させられていた。いたるところで、まるで工事現場のように、柵やテントが張られていて、観光客はほぼ皆無である。后海に隣接した公園では、寒さにもめげず乾布摩擦する近所の爺さんや、昔は虫歯も抜いてくれた青空床屋などが出ていた。中国将棋やトランプに興じている老人たちもいる。これは、どこかで見覚えがあると思ったら、私が北京に留学していた１９９０年代半ばの光景だった。つまり、北京の街並みは、20年前にタイムスリップしたのである。

后海の北の端では、懐かしい天然のスケートリンクが営業しており、近所の子供たちが滑っていた。私も留学生時代、2元でスケート靴を借りて滑ったものだ。だがいつのまにか、靴代は20元に値上がりしていた。

后海の北の端から、激変した北京の風景を眺めながら思った。きっとこうした原風景こそが、「習近平の北京」なのだ。

だが、2018年4月に北京を再訪すると、北京は再び活気を取り戻していた。「低端人口」の人たちも、大勢いるではないか。ある北京人はこう証言した。

「低端人口がいないと、ゴミの回収から宅配便の配達まで何もできなくなってしまうことが分かった。それで春節（旧正月）の後、彼らを黙認するようになった。彼らとしても、田舎に戻ってもやることがなかったと見えて、次々に戻ってきたのさ」

中国人は、つくづく融通無碍な民族である。

2020年

適齢期の男性3000万人が「結婚難民」と化す

適齢期の男性が適齢期の女性よりも圧倒的に多い社会が到来する。「剰男《シエンナン》」（余った男）たちが選ぶ3つの道とは？

キーワード

空巣青年《コン チヤオ チン ニエン》

「一人っ子政策」最大の副作用

世界に類を見ない「一人っ子政策」によって、中国社会が大きな歪みを生んでしまったことは、「2018年」の章で述べた通りだ。だが、そうした歪みの中でも看過できない「副作用」が、男女比率の歪みである。

「一人っ子政策」が中国社会で定着するにつれて、「どうせ一人しか生めないなら、男の子を生もう」という夫婦が急増した。特に、働き手や跡取りを求める農村部において、この傾向が顕著になっていった。

本来、生まれてくる赤ちゃんが男児か女児かは、おぎゃあと生まれてくるまで分からないものだ。だが現在では、DNA鑑定をすれば、胎児の性別を特定できてしまう。また出産が近くなれば、妊婦検査を行う産婦人科医は、当然分かる。

こういうところは、中国社会はものすごく融通が利く。「紅包《ホンバオ》」と呼ばれる「袖の下」を渡せば、ポロっと胎児の性別を漏らしてくれる医師だっているし、何かと理由をこしらえて、DNA鑑定をやってくれたりする。

余談になるが、中国で医師免許の国家試験が開始されたのは、1999年のことだ。それまでは大学の医学部（5年制）を卒業すれば、自動的に医師免許が授与されたのである。それどころか、医師免許すら持っていないのに堂々と開業している「医者もどき」も、全国に跋扈していた。

それは中国においては、必ずしも悪いこととは言えなかった。私は2010年に、山東省の片田舎で「100歳の現役小児科医」を取材したことがあるが、彼も大学の医学部を出ていなかったし、医師免許も持っていなかった。だが私がそのことを指摘すると、彼は開き直ったようにこう言い放った。

「1949年の建国から現在に至るまで、私がいったいどれだけ多くの子供たちの命を救ってきたと思っているのだ。現に山東省から感謝状をもらっているくらいだ」

感謝状を見せてもらうと、確かに「山東省の発展に長年寄与してくれた」と書かれていた。実際に「100歳医師」の診察風景を半日取材したが、ひっきりなしにわが子を抱えた農村の女性たちが飛び込んで来ては、診断を仰いでいた。

日本にも江戸時代には「赤ひげ先生」がいたというが、中国の農村部には、「医者もどき」に助けてもらう風習が、いまだにあるのだ。

女性100人に男性118人

話が飛んでしまったが、嬰児《えいじ》の性別の話に戻ろう。中国の農村部では、女児が生まれた場合、役場に出生届を出さなかったり、間引いてしまったり、業者に売りつけてしまったりということが横行した。何と言っても、欲しいのは跡取り息子なのである。

実際、私は北京に住んでいた時分、広西チワン族自治区出身の漢族で、安徽省の農村に売り飛ばされて育ったという女性の知人がいた。彼女は北京で、ＥＵ加盟国の外交官の家政婦をしていたが、独身を続けていたその外交官に見初められて国際結婚した。ある席で、「中国社会にはサクセス・ストーリーがある」という例として、自分の身の上話をしてくれたのだった。

また、元無戸籍者だったという中国人女性の知り合いもいた。彼女は１９９０年代前半に四川省の寒村で生まれたが、男児を望んでいた両親は、出生届を出さなかった。その結果、彼女は17歳まで戸籍がなく、その後自分で申請して戸籍を取得したそうである。

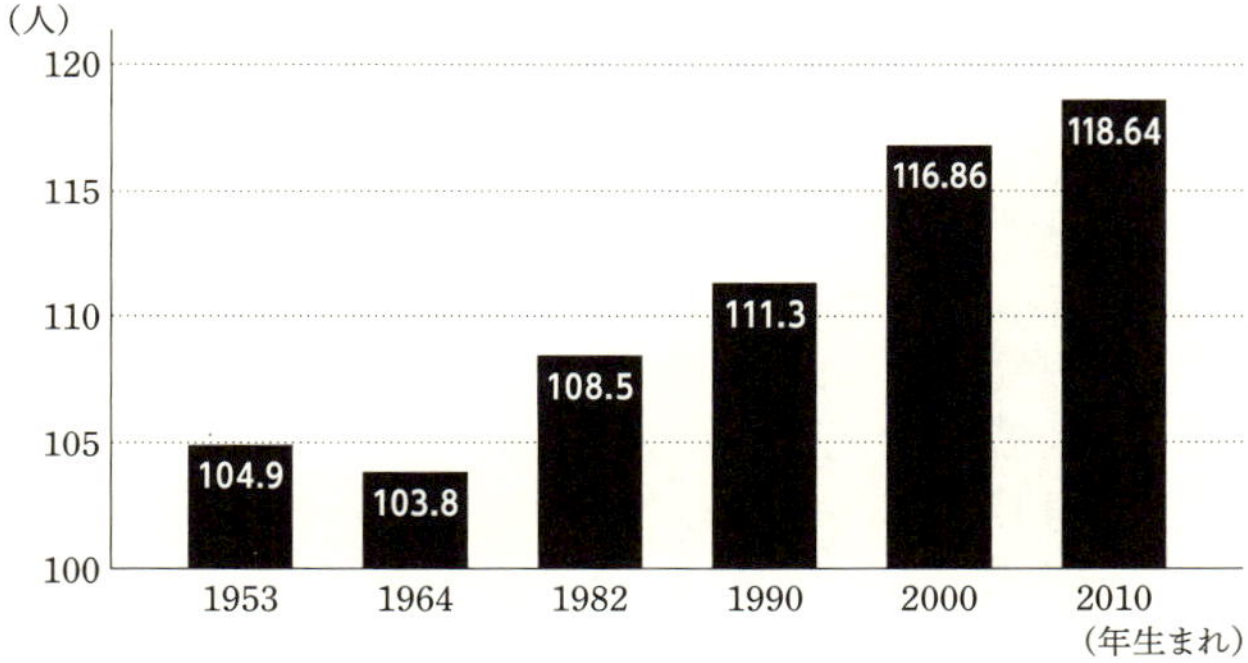

女子を100とした場合の男子の出生数（出典：国家統計局）

戦前の中国社会を喝破《かっぱ》した名著『支那の体臭』（後藤朝太郎著、復刊本はバジリコ刊）には、そのあたりの中国農村部の伝統が描かれている。最近では、2012年にノーベル文学賞を受賞した「農村作家」の莫言《ばくげん》が、中国の農村の「暗部」を余すところなく描いている。

ともあれ、こうした結果、「一人っ子政策」によって、中国の人口ピラミッドは、年齢構成ばかりか性別構成も、極めていびつになってしまったのだ。

1949年の新中国建国以降、中国はこれまで計6回、全国的な人口調査を行っている。その6回の出生者の男女比（女子を100とした場合の男子の出生数）は、上の棒グラフの通りだ。

世界の出生数を見ると、男子が女子より多いのは各国に共通な現象で、国連では「102から107の間」を正常な国家と定義づけている。例えば20

16年の日本の出生数は、男子50万1880人、女子47万5098人で、男女比は105・6だ。

だが中国の場合、120を超えた年が近年で3年もあり（04年、07年、08年）、明らかに「異常国家」である。

こうしたとてつもない統計数値を突きつけられた当時の胡錦濤政権は、対応策を検討した。だが実際に行動したのは、胡政権からバトンタッチした習近平政権だった。

2014年9月、衛生計画生育委員会と公安部、工商総局、食品薬品監督総局は、「非医学的需要による胎児の性別鑑定及び性別選択を禁止し、妊娠を人工的に終止させる規定（案）」を起草した。この規定は、2016年5月1日に施行された。これによって、胎児の性別を親に教えた医師らは、医師免許剝奪などの重い処分を受けることとなった。また性別鑑定に関わった人も、5000元（約8万5000円）以上3万元（約51万円）以下の罰金を科されることとなったのである。

だが、時すでに遅しだった。中国は2020年には、結婚適齢期とされる20歳から45歳までの人口で見ると、男性の数が女性の数よりも、3000万人も多い社会となってしまうのだ。

3000万人！　実に、日本の総人口の約4分の1にあたる数だ。

私が想像したのは、秦の始皇帝が死後の墓守りのために製作した兵馬俑《へいばよう》だった。現在、陝西省西安郊外にある兵馬俑博物館で公開されているのは、約6000体である。あのズラリ立ち並んだ魁偉《かいい》な兵馬俑の5000倍もの男たちが、結婚にあぶれてしまう……。

「持ち家のない男」は話にならない

中国を代表するネットメディアの一つ、テンセント・ネット（騰訊網《タンシュンワン》）は、早くも2011年8月18日付で、「3000万人独身男の憂鬱《ゆううつ》」と題した長文の記事を掲載している。その要旨は、次のようなものだ。

〈それは言ってみれば、北京の第三環状線の中にマンションを買いたい膨大な人々と、供給されるマンションの数とが釣り合っていないようなものだ。結婚適齢期の女性の『供給』が、結婚適齢期の男性の『需要』にマッチしていないのだ。その結果、どうなるかと言えば、やはりマンション問題と同じようなことになる。すなわち2020年には、3000万人もの独身男性が出現することになる。

総じて言えば、男女の数の不均衡は、女性を追い求める男性に、さらに高額のコストを強いることになる。これは結婚適齢期の男性たちが共通して支払わなければならない代償なのだ。だがそれでも、3000万人もの『不幸者』が出ることになる〉

この記事が出た２０１１年、私は北京に住んでいた。勤めていた日系文化公司の未婚女性たちに、「将来どんな男性と結婚したい？」と聞くと、まるで判で押したように、「マンションを買える男性」という答えが返ってきた。

中国語に、「成家立業《チエンジアリーイエ》」という成語がある。「家庭を持って生業を立てる」という意味だが、「家庭を持つ」ことを「家を成す」と書く。中国の女性は、マイホームを買えて「家を成せる」男性と結婚したいのである。

ところが、いまや北京や上海などの都心部では、マンションの一部屋を購入するのに、１㎡あたり10万元（約１７０万円）以上という物件も出てきている。中国のマンションの面積表示は、共有部分を含んでいるので、だいたい7掛けすると、日本のマンションの面積表示になる。つまり１㎡あたり10万元として、70㎡のマンションを買えば、日本の50㎡のマンションを買ったのと同様となる。日本円に計算すると、約1億２０００万円！

一方、北京や上海で大卒の初任給は６０００元程度、すなわち約10万円にすぎない。つまり給料を１００パーセント、マンションの購入にあてたと仮定しても、１００年近くもかかるのである。これではマンションなど買えるはずもない。そのため結婚適齢期になっても、マンションが買えずに結婚できない男性が、続出しているのである。そこに、女性に較べて３０００万人超過というハンディキャップが加わる。まさに、泣きっ面に蜂だ。

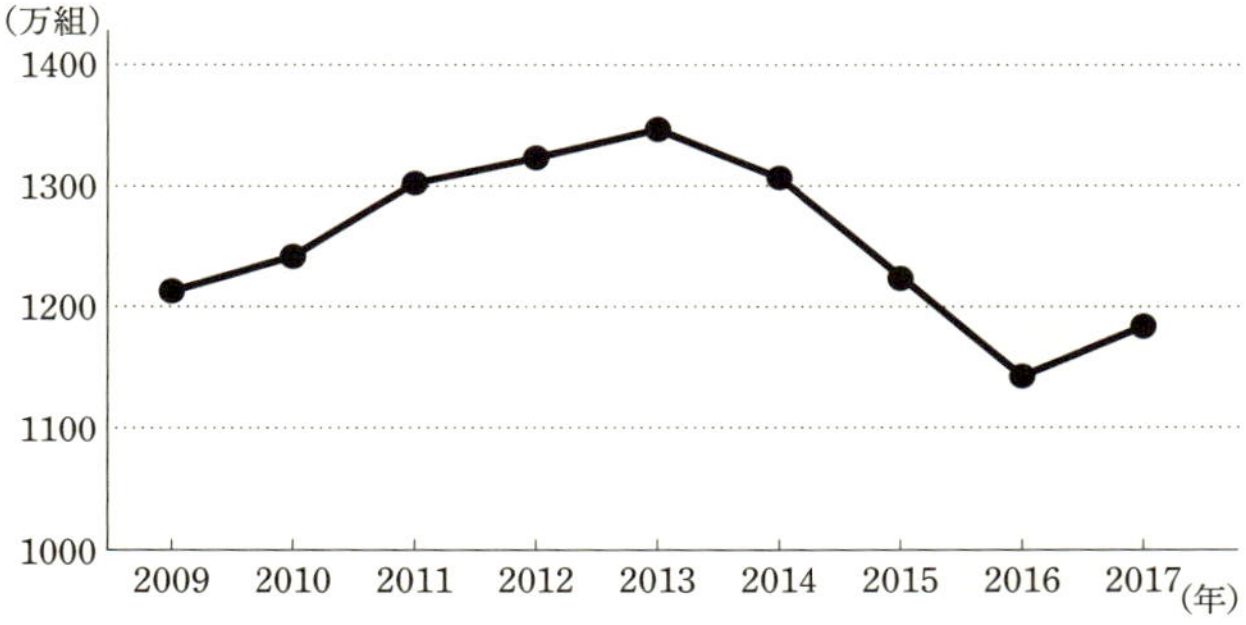

中国の結婚登記数の推移（出典：民政部）

そんな彼らは「剰男《シエンナン》」（余った男）と呼ばれている。

国策ドラマだった『裸婚時代』

２０１１年春、中国全土で『裸婚時代』というテレビドラマが大ヒットした。「裸婚」とは、何とも意味深な漢字だが、「裸一貫（無一文）で結婚する」という意味である。つまり、究極のジミ婚だ。

このドラマで一躍、スターダムにのし上がった俳優の文章《ぶんしょう》が、貧乏な青年を演じた。相手は、女優の姚笛《ようてき》演じる美女で、青年はある晩、学生時代から一途に想い続けたこの女性にプロポーズする。

「ボクには車もない。カネもない。マンションもない。ダイヤモンドの指輪も買ってあげられない。だが老いさらばえるまで、キミを愛し続ける。ボクと結婚してほしい！」

このセリフは、かなり長いにもかかわらず、２０１

1年の中国最大の流行語となった。つまりそれだけ、似たような境遇の男性が、中国に多数いたという証左だ。

このラブ・ストーリーは、青年の感動的なプロポーズを聞いた美女が、目に涙をためて青年の申し出を受け入れるという、感動のハッピーエンドで終わる。

だが、現実はそう甘くない。事実、当時私が勤めていた日系文化公司の独身女性社員たちに『裸婚時代』の話を振ると、彼女たちは顔をしかめて答えた。

「あんな汚らしい青年と結婚するわけないでしょう。やはりマンションとマイカーを買って、初めてプロポーズする資格があるというものよ」

「共産党政権は、そういうストーリーを推奨して、私たちを結婚に駆り立てようとしているんだわ」

彼女たちは、「八〇後《バーリンホウ》」と呼ばれる、1980年代生まれの一人っ子世代だった。前述のように、両親と祖父母たちという「6人の親」に甘やかされて育った「小公主」たちなのだ。『裸婚時代』は、あくまでも結婚できない男性の立場から、彼らの希望を描いたドラマなのである。もっと穿《うが》った見方をすれば、私が聞いた女性が指摘したように、腐っている世の男性たちを慰めるために制作された「中国共産党公認ドラマ」だ。

このあたりの事情は、民主国家に暮らす日本人には理解しにくいが、中国のすべてのドラマは、放映前に国家ラジオテレビ総局という中央官庁の認可が必要だ。早期につつがなく認可を得るためには、共産党政権が喜ぶ内容に仕上げることが大事だ。

さらに言えば、習近平政権のスローガンに則した内容にすれば、政府から制作補助金という名の報奨金ももらえる。中国で一時、抗日ドラマが氾濫した背景にも、こうした事情があったのだ。

「お一人様の日」で大儲け

同じ2011年8月には、婚姻法の司法解釈も変更された。それまでは、夫婦が離婚する場合、家庭の財産は夫婦等分割が原則だった。それが、「結婚時までの財産は離婚時に元の所有者に戻す」という解釈に変わったのである。

どういうことかと言えば、中国でよくあるのは、金持ちの男性が糟糠《そうこう》の妻を捨てて、若い美女と再婚するケースだ。その際、金持ちの男性は、以前なら財産の半分を、慰謝料として離婚する妻に差し出さねばならなかった。だが、婚姻法の解釈変更に伴って、離婚時に元妻に渡す財産は、ずいぶんと減った。加えて、晴れて若い美女と再婚を果たした後も、気に入らなければ何度でも、自分の財産を減らすことなく妻を取り換えられる。

「先に富める者から富んでいけ」という「先富論」を唱えた鄧小平の「最後の弟子」胡錦

濤の時代ならではの政策と言えた。だがそのために、貧しい青年たちは、ますます貴重な女性を、上の世代にかっさらわれてしまうハメに陥ったのである。

なぜ突然、最高人民法院（最高裁判所）が解釈を変更したのかについて、公式の説明はなかったが、おそらく離婚訴訟が急増したからだろう。当時、「離婚訴訟ならお任せください」といった弁護士事務所の新聞広告が急増していたことを記憶している。

最高人民法院情報センター付属の司法判例研究院が２０１６年に発表した離婚訴訟データによれば、２０１４年の全国の離婚訴訟件数は１１２万件あまりで、２０１５年は１２０万件、２０１６年はさらに急増していると書かれている。おそらく２０１０年頃に「離婚訴訟年間１００万件時代」を迎えたため、訴訟を少しでも減らそうと、窮余の策として司法解釈を変更したものと推察できる。

その後、２０１８年4月には婚姻法を改正し、こうした解釈を正式に条文に盛り込んだ。

ところで、そのような「剰男」たちに目を付けて、ビッグ・ビジネスに変えたのが、アリババ・グループ（阿里巴巴集団）の馬雲《ジャック・マー》会長だった。

１９９９年に浙江省の省都・杭州《こうしゅう》で、「中国初のインターネット通販」を始めたアリババは、創立10周年を記念して、２００９年の晩秋に、新たなイベントを始めた。それは、「1」が4つ並ぶ11月11日を、「お一人様の日」（光棍節《グアングアジエ》）と定めて、結婚できなかったり、彼女や彼氏がいない若者たちに、24時間限定の大規模な割引セールを行ったのである。裏を返せば、そういった寂しい人たちこそが、自宅でパソコン相手に買い物をする（当時はまだスマホは普及していなかった）客と見て、新規顧客の掘り起こしを狙ったのだった。

もちろん、「お一人様」かどうかなどは調べようがないから、単にそのようにネーミングしただけだ。

2009年の最初の「お一人様の日」、私は北京で暮らしていたのでよく記憶しているが、ちょうど中国のインターネット利用者が1億人を突破したことが話題になっていた。まだネット通販での買い物は、消費全体の2％以下にすぎなかったが、この初年のイベントには、27のアイテムを販売し、5200万元（約8億8000万円）の売り上げがあった。

「お一人様の日」が、中国社会で広く認知されたのは、「1」が6つ並んだ2011年11月11日だった。この日、北京市内の高級レストランでは「お一人様客」に対して、様々な特別サービスを行った。デザートやグラスワインをサービスするとか、ふかふかしたソファ席に案内するといったことだ。

このイベントを大成功させたアリババは、2012年からイベントの名称を、「双十一《シュアンシーイー》」（二つの11）に改名した。年々イベントは拡大していき、もはや「お一人様」限定ではなくなったのだ。「双十一」については後述する。

「超男性社会」の近未来

重ねて言うが、２０２０年の中国には、20歳から45歳までの男性が、同年齢の女性より３０００万人も多いという、人類未体験の「超男性社会」が到来する。

それはいったい、どんな社会になるのだろうか？　あくまでも私見だが、近未来の中国では、３つの現象が起こっていく気がする。

第一に、同世代の中国人女性と結婚できない中国人男性たちが、中国よりもっと貧しい国々の女性を娶《めと》るケースが増えるということだ。２０１８年正月に北京で、大学院生の青年たちから聞いた話では、すでに周囲には、ベトナム人やモンゴル人女性などと結婚する男性が出始めているという。

そもそも中国人とは、91・５１％の漢族と、８・４９％の55の少数民族との総和である（２０１０年の全国人口調査）。多くの少数民族には「母国語」があり、習慣も食べ物も漢族とは異なる。朝鮮族、モンゴル族、カザフ族など、国境付近には周辺国の少数民族がいるのだ。毎年3月に北京の人民大会堂で開かれる全国人民代表大会（国会）は、「ミニ国連」の異名を取るほどである。

そのため中国人には一般に、国際結婚に対する拒否感のようなものがない。特に若い

「一人っ子世代」は、他国の若者ともスマホという「共通言語」があるので、国境のカベを容易に飛び越えてしまう。今後、ＡＩの通訳機能が発達していけば、言語のカベもなくなるだろう。

中国の農村部では、すでに国際結婚ラッシュが始まっている。「中国版グーグル」の検索サイトのバイドゥ（百度）で、中国農村部の外国人妻の写真を検索すると、１万２１９２枚もヒットした。特に、ケニア人女性、タンザニア人女性など、農村の中国人男性がアフリカ人女性と結婚するケースが急増していることが分かる。確かに、アフリカ大陸には中国人が約１００万人も居住しており、「チャイナフリカ」という言葉もあるほどだ。２００９年以降、中国は一貫して、アフリカ大陸最大の貿易相手国である。そのような中国とアフリカの蜜月関係が続く限り、今後、中国人とアフリカ人との結婚は増えていくだろう。

『広州日報』（２０１3年9月17日付）は、タンザニア発で、次のように報じている。タイトルは、「アフリカ人女性が最も憧れるのは中国人男性　３人生んでも大丈夫」。

〈いまや多くの中国人が、アフリカでゴールド・ハンターとなっている。そんな中で、現地に定住して、アフリカ人女性との家庭を営む人々がいる。もしくは中国人女性が、アフリカ人男性の猛アタックを受けて、嫁ぐケースもある。「アフリカ美人」を娶った中国人ゴールド・ハンターたちの言によれば、アフリカ人女性が最も結婚したがっているのが、中国人男性なのだという。
アフリカ人女性を娶るには、1000人民元（約1万7000円）の財産があれば十分なのだとか。妻も妻の家族も、「マンションと車がないとダメ」などとは言わない。
しかも、アフリカでは多産を奨励しているのだ。アフリカ人女性を恋人にしていると、彼女の家族からは「結婚は急がなくてもいいから、早く子供を生んでくれ」と催促される。結婚式の時には、すでに子供が1歳を過ぎていたりするのだ〉
将来は「アフリカ系中国人」という人々も、普通に目にするようになるかもしれない。

同性愛大国への道

近未来の中国で起こるであろう二つめの現象は、男性の同性愛者の増加である。

中国人男性の同性愛の歴史は古い。前漢の第13代皇帝・哀帝《あいてい》（紀元前25年～紀元前1年）は、董賢《とうけん》という美少年を愛玩し、毎晩一緒に寝ていた。哀帝が若くして急死すると、董賢も後を追って自殺した（『漢書・佞幸伝』）。中国映画として初めて、カンヌ映画祭でパルムドールを受賞した陳凱歌《ちんがいか》監督の『さらば、わが愛　覇王別姫』（1993年）も、20世紀の京劇界を巡る同性愛の世界がテーマだった。

2010年頃の北京にも、私の知人で二人、同性愛者の男性がいた。一人は新進気鋭の作家で、もう一人はジャーナリストだった。どちらも最初は隠していたが、親しくなると、自分はゲイであると告白した。

ジャーナリストの青年は、朝陽区の工人体育場（国立競技場）近くにある行きつけのゲイバーに案内してくれた。彼は、「人民解放軍の若い兵士たちの中には、大量の同性愛者がいる」と話していた。そのゲイバーの薄暗い店内で、蠢《うごめ》いている若い男性たちを目の当たりにしていると、これからの中国が「同性愛大国」になる予感がした。

2016年夏に北京へ行った時には、北京首都国際空港から市内へ出るモノレールの向かいの席に、中国人の若い「男性カップル」が座ってきた。彼らは互いの手を絡ませたり、相手の耳を舐め合ったり……と、車内で人目もはばからず行動をエスカレートさせていった。北京もついにここまで来たかと再認識したものだ。

2018年正月に北京へ行った時は、「温泉」と呼ばれる大型入浴施設に行った。そこのバイキング・レストランでも、恋人や家族連れなどに混じって、若い男性カップルがチラホラ目についた。社会主義国の中国では、例えば人民解放軍などの組織では同性愛は禁止しているが、それでもいまどきの若者たちは、意外にあっけらかんとしている。そもそも中国人は他人に無関心なこともあって、同性愛の青年たちは徐々に表に出始めてきているのである。

「空巣青年」の「孤独経済」

第三の現象は、「空巣 青年《コンチャオチンニエン》」の増加である。

「空巣青年」とは、何やら物騒な名前だが、2017年頃から中国で流行語になっている。日本語の「空き巣」とは無関係で、親元を離れて大都市で一人暮らしをしている若者のことだ。一人っ子世代の彼らは、休日にも他人と交わらず、狭い自室に引きこもって、日がなスマホをいじっていることから、「空巣青年」と呼ばれているのだ。

2018年の春節の大型連休期間中（2月15日～21日）の中国国内の旅行者は、3億8600万人に達し、旅行関連収入は4750億元（約8兆円）に上ったと、中国文化観光部は発表した。だが「4億人、5000億元」という当初の予測ラインには届かなかった。その最大の理由は、「空巣青年」たちが、自宅に引きこもっていたためと見られる。

「空巣青年」の間で、2017年暮れから大ヒットしているスマホゲームがある。タイトルは、『旅行青蛙』。名古屋のゲームメーカー「ヒットポイント」が開発し、2017年11月にリリースしたスマホ向けアプリ『旅かえる』のことだ。この日本発のゲームが、中国語版も出ていないのに、2018年1月以降、中国の無料スマホアプリ市場で、ぶっちぎりのトップを走り続けた。ダウンロード数は、2018年2月に1000万人を超え、4

月にはアリババが中国版の版権を取得した。

『旅かえる』は、極めてシンプルなゲームだ。まずカエルに旅の準備をさせるところから始める。準備が済むと、カエルに日本を旅行させる。するとカエルが、日本各地を旅した写真を撮って、みやげを持ってくるというものだ。いわゆる放置型シミュレーションゲームだが、「空巣青年」たちは春節期間中、日本語も分からないのに自宅に引きこもって『旅行青蛙』に夢中になったのである。

最近の中国では、「空巣青年」たちの消費のことを指す「孤独経済」という新語まで生まれている。

ともあれ、中国民政部発行の『2016年社会サービス発展統計公報』によれば、2016年の結婚登記者数は1142万8000組で、前年比6・7%減だった。これで3年連続の減少で、3年で16%も減少したことになる。

「剰男」たちの苦悩は続く——。

2021年

中国共産党100周年で「貧困ゼロ」に

北京から農村に追放されて貧しい青少年時代を送った習近平は、農村の貧困層の支持を盤石にし、長期政権を実現させるため、ありとあらゆる手段を使って脱貧困を目指そうとする。

キーワード

脱《トウオ》貧《ピン》攻《ゴン》堅《ジエン》

中国の「中流」「貧困ライン」の基準

中国政治は、5年に一度の周期で動いている。それは5年に一度、14億の中国人を支配する（中国式に言えば「リードする」）共産党の党大会が開催されるからである。２０１７年10月18日から24日まで、19回目の共産党大会が、北京の人民大会堂で開かれた。

初日の午前中、党員数８９４４万人（２０１６年末）という世界最大の政党・中国共産党の頂点に立つ習近平総書記（国家主席）が、3時間20分に及ぶ一世一代の大演説をぶった。私はインターネットテレビで、生中継の映像を見たが、その熱弁ぶりは、往年のキューバのカストロ議長を髣髴《ほうふつ》させるものだった。

この演説は、2012年11月に始まった習近平総書記体制の5年間にわたる活動成果の報告と、今後の方針について述べたものだった。その中で、習総書記がひときわ強調したのは、次の箇所だった。

「今後は、『脱《トウオ》貧攻堅《ピンゴンジエン》』（脱貧困の攻撃戦）に、決然と勝ち抜いていく。貧困人口と貧困地域を、全国と同じように全面的な『小康《しょうこう》社会』に参入させる。そして2020年に、農村の貧困人口をゼロにする目標を実現させるのだ」

長い演説の中で、これでもかというほど「脱貧困」を力説したのだった。

演説の中にあった「小康社会」とは、「生活がそこそこ満足な社会」という意味で、2018年現在の中国政府の基準では、「年収36万元（約610万円）以上の家庭」となっている。月平均にすると3万元（約51万円）以上で、夫婦が共働きならば、各自の給料が平均1万5000元（約25万5000円）以上となる。これはかなり高い水準だ。

一方、「貧困家庭」の定義は、「一線都市」においては年収10万元（約170万円）以下、それ以外の都市では8万元（約136万円）以下となっている。8万元以下と言えば、1ヵ月の家庭収入が、約11万円以下だ。

中国は2017年に都市の区分を新たに変更し、全国338都市を「一線都市」から「五線都市」に分類した。「一線都市」は北京・上海・広州・深圳《しんせん》以下19都市、「二線都市」

はアモイ・無錫《むしゃく》・ハルビン以下30都市、「三線都市」は桂林・唐山・三亜《さんあ》以下70都市、「四線都市」は錦州・開封・牡丹江《ぼたんこう》以下90都市、「五線都市」はトルファン・ラサ・延安以下129都市である。

3000万人の「最貧困層」を3年でゼロにする

貧困家庭が政府から生活保護を受けるには、地元の役場へ行って、年収が2300元(約3万9000円)以下であるという「貧困証明書」を入手しないといけない。この年収2300元という基準は、胡錦濤時代の2011年に定めた。「貧困証明書」の様式は各地域によってまちまちで、個人がいかに生活が苦しいかを記述し、役所がそれにハンコを押す(左ページの写真参照)。

習近平主席が言う「貧困を撲滅する」という意味は、「貧困証明を取る人をなくす」ということである。「貧困証明書」取得者は2017年末時点で、約3000万人いる。そこで、2018年から毎年1000万人ずつ減らしていき、2020年にゼロにしようという計画なのだ。習近平主席はそのことを、2017年大晦日《おおみそか》の晩、中国中央テレビ(CCTV)を通じて行った「新年賀詞」でも、14億国民に向けて語りかけた。

「2017年は、GDP80兆元(約1360兆円)、都市部の新規就業者数1300万人、社

会年金保険加入者9億人、基本的な医療保険加入者13億5000万人、そして1000万人以上の農村貧困人口の脱貧困を実現した年になった。340万人の貧困層を、彼らを養える地の温暖な新居へと引っ越ししてもらった。低所得者層向け家屋を600万戸着工するという目標任務も達成した。

2020年までに、農村の貧困層の脱貧困を実現させる。2020年までのわずか3年の時間内に、全社会が行動を起こし、戦《いくさ》に出征する気持ちで邁進し、不断にこの新たな勝利を奪取するのだ。3年後に、公言通り脱貧困の攻撃戦に勝利すれば、中華民族の数千年の歴史上、初めて絶対的な貧困を総合的に解消したことになる」

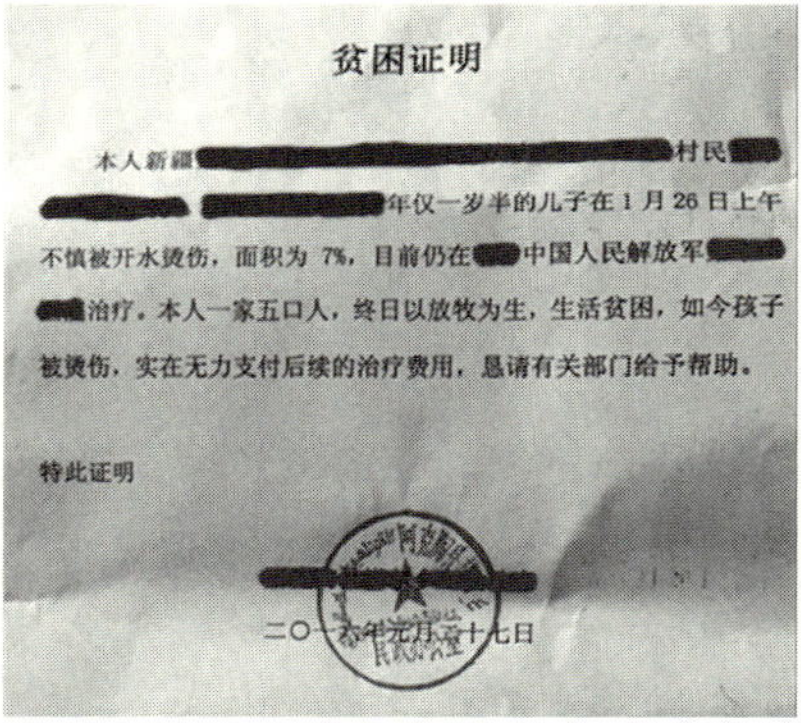

贫困证明

本人新疆[redacted]村民[redacted]

[redacted] [redacted]年仅一岁半的儿子在1月26日上午不慎被开水烫伤，面积为7%，目前仍在[redacted]中国人民解放军[redacted]治疗。本人一家五口人，终日以放牧为生，生活贫困，如今孩子被烫伤，实在无力支付后续的治疗费用，恳请有关部门给予帮助。

特此证明

[redacted]

贫困証明書の例

習近平政権は、2018年から2020年までの3年間で、「3つの攻撃戦」を戦うと宣言している。金融リスクとの戦い、（大気など環境）汚染との戦い、そして貧困との戦いである。

習主席は、なぜそこまで「2020年までの脱貧困」にこだわるのか。2018年正月に北京で、ある古参の中国共産党員に聞いたところ、「あくまでも私見だが」と前置きした上で、次のように解説した。

「第一に、習近平主席自身の『知青《ジーチン》』、つまり青少年時代に農村へ下放《シアファン》（地方労働）された経験が大きい。この国の社会の病苦の根源は貧困にあると、その時に悟ったのだ。

第二に、習近平政権の一番の支持層が、下層の庶民たちだからだ。習近平主席はかつての毛沢東元主席とよく似ていて、インテリと富裕層（毛沢東時代は地主出身者）には評判が悪いが、社会の大部分を占める庶民には、圧倒的な人気がある。第三に、そんな習主席は、誰よりも尊敬している毛元主席を追い越したいという野望を抱いているのではないか。なにせ毛沢東時代は、国民のほぼ全員が貧困層だったので、習主席が貧困層を撲滅したとなれば、完全に毛沢東元主席を超えたことになる。

それどころか、習主席自身も今年の『新年賀詞』で述べているように、中国数千年の歴史上、初の偉業となる。中国共産党は、2021年7月1日に創建100周年を迎えるので、習主席はその時、『歴史上初めて貧困を撲滅した』と誇り、半永久政権を敷きたいのだ」

習主席の「貧困」体験

古参の中国共産党員は、書斎から一冊の本を取り出して見せてくれた。タイトルは、『習近平の7年の知青歳月』。２０１７年8月に中共中央党校出版社から発売され、ベストセラーになっている本だ。習主席の青年時代の初々しい写真が、表紙になっている。

１９６９年1月、15歳の習近平少年は、生まれ育った北京を離れ、西の最果ての地である陝西省延川県梁家河《りょうかか》という寒村に送り込まれた。以後、１９７５年10月に北京に戻るまで6年半あまり、そこで農作業に従事した。習近平主席が無表情なのは、この青年時代に受けた煉獄《れんごく》のような日々のせいだという人もいる。『習近平の7年の知青歳月』は当時、北京から共に行った「同志」や梁家河の農民ら29人に、若き習近平の様子を取材したノンフィクションである。

もとより、いまや「第5代皇帝」として君臨する習近平主席のことを、誰も悪く言うはずはないので、見事なまでの「ヨイショ本」となっている。

15歳の習近平が、首都・北京の幹部用住宅から、最果ての地に飛ばされたのは、副首相を務めていた父・習仲勲《しゅうちゅうくん》が、中南海の権力闘争に敗れ、河南省の炭鉱送りになったことと関係している。だが習主席自身は、貧困の青年時代に関して、ほとんど周囲に語っていない。

それでも一度だけ、公の場で口にしている。それもアメリカ人に向かってだ。

２０１５年9月22日、当時のオバマ大統領の招待で訪米した習近平主席は、首都ワシントンへ向かう途中で、西海岸のシアトルを訪れた。その日の夕刻に催された歓迎晩餐会のスピーチで突然、自分の身の上話を始めたのである。

「私は前世紀の1960年代末、まだ十何歳で、北京から陝西省延安市近郊にある梁家河という寒村に派遣され、そこで7年間、農民をやった。貧困に喘ぐ村民たちとともに穴倉で生活し、土坑の上で寝た。何ヵ月も、一切れの肉さえ食べられないありさまだった。私はその村の党支部の書記になり、中国の庶民たちが何を求めているのかを理解した。

2015年の春節前（2月13日）、私はその村を再訪した。新しい道が通っていて、村民たちはレンガの家に住むようになっていた。インターネットを楽しみ、医療保険に加入していた。もはや一切れの肉を夢見るようなことはなかった。梁家河のこの間の変化は、中国社会の発展の縮図だ。三十数年を経て、13億の民は貧困から抜け出し、中国は世界第2の経済大国となったのだ」

習近平主席が、なぜ異国の地で突然、このような身の上話を始めたのかは、いまもって謎である。

だが推察はできる。このとき米中関係は、中国のサイバーテロと、南シナ海の埋め立て問題が2大イシューであり、このスピーチの後、ホワイトハウスで行われる公式晩餐会や米中首脳会談は、とげとげしいムードになることが予測された。そのため習近平主席は、ホワイトハウスのオバマ大統領に向かって、「私もあなたと同じ貧困層の出身だ」と呼びかけたかったのではなかろうか。

毒食品問題の深層

「貧困を撲滅する」と習近平主席が意気込む気持ちは、私にはよく理解できる。胡錦濤時代に政権幹部から、「中国は1割のヨーロッパと9割のアフリカだ」という話を聞いたことがあったが、まさに言い得て妙だった。

私はこれまで、中国31の省・直轄市・自治区をほぼすべて踏破したが、北京や上海はきらびやかだが、一歩農村部へ足を踏み入れると、底抜けに貧しい。一昔前まで、トイレに壁がないのはもちろん、習主席が述べているように、家の壁もなく穴倉で生活している人々も、少なからずいた。

トルストイの小説『アンナ・カレーニナ』の冒頭ではないが、「不幸な家族にはそれぞれの不幸の形がある」ということも、中国へ行って初めて知った。数年前に日本で問題になった中国産毒食品の氾濫は、まさに貧困の為せるわざである。

以前、浙江省の寒村のブタ農家を訪問したことがある。養豚場に薬品を持った業者がやって来て、「この注射を打ったらブタがすくすく育つ」と言われると、訳も分からず打ってしまうのである。業者からカネを受け取ると、次はもっと大量に打つ。そうやって、かつてアヘンが中国の農村部に蔓延していったように、毒食品作りも蔓延していったのだ。

では、農民に責任はないかと言えば、そんなことはない。ある時、山東テレビのニュースを見ていたら、記者が毒キュウリを作っている農家を直撃取材していた。記者は納屋で、大量の禁止されている劇薬の袋を発見し、「これが危険な毒物と知らないのか?」と農夫に詰め寄った。無言の農夫に、「それでは、ここで作った野菜を、自分の家族にも食べさせているのか?」と畳みかけた。すると農夫は、開き直って答えたのだった。

「家族に食べさせるわけないだろう。オレの息子はまだ小さいんだ!」

腐肉ダック、染色まんじゅう、墨汁ゴマ、漂白剤ポップコーン、毒モヤシ、セメント・ミルクティ、ホルマリン・レバー、ピルうなぎ、汚水食用油……世界を唖然とさせた中国の毒食品問題の背景には、農村の貧困がある。

「貧困地区の大開発」を利用して利権づくり

ところで、貧困撲滅運動というのは、何も習近平政権の専売特許ではなく、江沢民、胡錦濤の時代から継続して行われてきた。

1978年末から鄧小平が始めた改革開放政策によって、東側の沿岸部は、海外との貿易などを通じて豊かになっていったが、西側の内陸部は、貧困のまま取り残されてしまった。そこで江沢民政権が、１９９９年に建国50周年及び改革開放20周年事業として、「東西格差の是正」及び「西部地域の貧困撲滅」を掲げて始めたのが、「西部大開発」だった。

主に西部の15地域を「開発重点地域」に指定。15地域を合わせると、面積は６８５万㎢で中国全土の71％、人口（２００２年末）は３億６７００万人で全国の25％。だが、ＧＤＰは全国の15％にすぎず、一人当たりのＧＤＰも、東部地域の４割にも達していなかった。そこで、これらの貧困地域を、国を挙げて発展させる方針を定めたのだ。

ただし、この西部大開発には、政治的な目的も多分にあった。それは、江沢民一派の恒久的な利権の確保である。西部大開発の計画を詳細に見ていくと、１９７０年代に日本で田中角栄首相が推進した「日本列島改造論」を手本にしたのではないかと思えてくる。江沢民主席にとって、１９９７年に「目の上のたんこぶ」だった鄧小平がようやく死去したと思いきや、２００２年には共産党総書記の座を胡錦濤に禅譲しなければならなかった。そんな中で、第一線を退いた後のインフラ利権の確保に走ったというわけだ。

ともあれ江沢民政権は、西部大開発の名のもとに、西部地域を巻き込んだ大規模なインフラ事業などを推し進めていった。青蔵鉄道（青海省とチベット自治区を結ぶ高原鉄道）の建設を始め、「南水北調」（南方の水を北京に送る大運河計画）、「西気東輸」（西部の天然ガスを東部に送る計画）、「北煤南運」（北部の石炭を南部に運ぶ計画）、「西油南輸」（西部の石油を南部に送る計画)、「西電東送」(西部の電気を東部へ送る計画)、「西綿東調」(西部の木綿を東部に送る計画)、「南菜北運」(南部の野菜を北部に運ぶ計画)などなどである。これらの大事業は2003年以降、胡錦濤政権にバトンタッチされた。と言っても、西部大開発利権の中枢は、引き続き江沢民一派が握り続けた。

西部大開発が提起されて10年後、建国60周年の2009年、胡錦濤主席は西部大開発の成果を誇った。

「西部大開発に、重点項目だけで70項目を指定し、総額1兆元(約17兆円)近くを投資した。その結果、2000年から2008年までの間、西部地域のGDPは年平均で11・6%増加。これはその間の全国平均を上回り、経済格差は縮まった」

「鬼城」が全国あちこちに

2013年に習近平政権が正式に発足すると、西部大開発の看板こそ取り下げなかったものの、大きく様相を変えた。習近平主席はまず、江沢民・胡錦濤時代の乱開発と投資乱発による負の部分にメスを入れた。この両政権時代に甘い蜜を吸ってきた多くの幹部をひっ捕らえ、開発を撤回させたのだ。

確かに、いくら東西格差の是正と西部地域の貧困撲滅が目的とはいえ、西部大開発の名

巨大な廃墟と化したオルドスのゴーストタウン

のもとに、やりすぎの感はあった。私は胡錦濤時代末期に、甘粛省で人口わずか1000人の村で3000人も収容できるホールを建設していたり、四川省でほとんど人の往来がない河に巨大な橋を建設したりしている実態を見てきた。

悪名高い「鬼城《グイチエン》」に至っては、中国全土で10ヵ所以上目撃した。「鬼城」とは、ゴーストタウンの直訳だ。地方の幹部が、自分の任期中にGDPを押し上げるため、無理やり過疎地域を開発してマンション群などを建設するのである。

典型的な例が、内モンゴル自治区鄂尔多斯《オルドス》の康巴《カンバシ》什《エン》新区である。石炭バブルに沸いた人口150万の都市鄂尔多斯は、市民の平均年収が北京や上海を上回り、「中国のドバイ」と言われた。それで2006年から60億元（約1000億円）を投資して、32㎢の康巴什新区を開発し、100万人分の住居を建設した。ところがその間に石炭バブルが崩壊し、「100万人都市」が無人の巨大な「鬼城」と化してしまったのである。

中国全土に点在するこのような「鬼城」は、大きな社会問題になった。さらに問題なのは、それらの建設費用の一部が、地方幹部の懐にキックバックされたことだ。ある東北地方の建設業者から、「この地方では3割もキックバックせねばならず、やっていられない」という嘆き節を聞いたこともあった。汚職がはびこるから庶民がいつまでたっても貧困から抜け出せないという構図だ。

農村を一変させた通販サイト

習近平政権になってから始めた貧困撲滅の試みを、二つ紹介したい。一つは、アリババが始めた「農村淘宝《ノンツンタオバオ》」である。

アリババは前述のように、1999年に浙江省の省都・杭州の英語教師だった馬雲《ジャック・マー》が始めた、中国初のインターネット通販会社である。それがいまや、株式時価総額で、世界8位（中国企業としてはテンセントに次いで2位）の巨大企業に成長した（2018年4月末現在）。ちなみに日本最高位のトヨタ自動車は35位で、株式時価総額ではアリババの半分にも満たない。

福建省の離島、浮山村にできた農村淘宝

そのアリババの馬雲会長と、習近平主席との蜜月関係は有名だ。２００２年から２００７年まで、浙江省党委書記（省トップ）として杭州で勤務していた習近平主席には、「アリババは自分が育てた企業だ」という自負がある。そのため国家主席に就任してからは、オバマ大統領、プーチン大統領、朴槿恵《パククネ》大統領など、各国首脳との会談の時などに、馬雲会長を紹介している。

アリババの主力インターネット・サイトが「淘宝《タオバオ》」（宝を掘り出すの意）という名前で、その農村版が「農村淘宝」なのである。「農村淘宝」は、いわばアリババと習近平政権との「合作」で、２０１４年10月に、アリババの本社がある杭州で始めて、その後全国に広がっていった。

中国の農村部には、たいていの村に、「小売《シアオマ》部《イブ》」と呼ばれる計画経済時代からの鄙《ひな》びた小売店がある。アリババは100億元（約1700億円）を投資し、それらの施設を自社のサービスセンターに改装していったのだ。

サービスセンターにパソコンを持ち込み、それまでパソコンやインターネット通販に縁遠かった農村の人々が、自由に入れるようにした。「村小二《ツンシアオアル》」と呼ばれる「農村淘宝」の若いスタッフたちが、農村の人々にパソコン画面を見せながら、彼らの欲しい商品を聞いていく。農民が欲しいものを指さすと、数日後にサービスセンターに配達される。農民は再度サービスセンターにやって来て、代金を支払って商品を受け取るという仕組みだ。

逆に、その村の特産品を、「農村淘宝」を通してネット上にアップし、全国に販売することも奨励している。農村の人々は、そうやって新たな収入を得て、また消費する。こうなると、もはや「ミニ農協」である。

このように、「農村淘宝」は、農村地域の消費生活を一変させた。習近平政権が進める貧困撲滅運動に、ひと役もふた役も買っているのである。

最貧困地域をＩＴの牙城に

もう一つの取り組みは、習近平主席の浙江省時代の部下で、秘蔵っ子と言われる陳敏爾《ちんびんじ》貴州省党委書記（省トップ）が行った試みである。

貴州省は、「天に三日の晴れなく、地に三尺の平地なく、人に三分の銀なし」と言われる中国最貧困地域の一つだ。２０１２年秋の習近平総書記誕生と同時に貴州省に赴任した陳敏爾書記は、省内に「民生監督組」と呼ばれる民間による監督組織を、１４８７ヵ所も作った。そして公務員に腐敗があれば、庶民が直ちに通報できるようにしたのだ。

実際、３分の2の地区で、民生監督組によって深刻な腐敗を摘発できたという。貴州省のような貧困地域でも、３分の2もの地区で深刻な腐敗があったこと自体驚きだが、ともかく腐敗が蔓延しない監視システムを作った。

その上でＩＴ企業を誘致し、省の振興を図ったのだ。

２０１６年8月、陳敏爾書記は浙江省時代から旧知のアリババの馬雲会長を、省都の貴陽市に招待し、貴州省とアリババは「戦略提携契約」を結んだ。貴州省にアリババのクラウドのビッグデータ基地を作り、アリババのＡＩ技術を駆使した工場、物流、交通、政務、警察、医療などのシステムを構築していくとしたのだ。そのための貴州省の人材を、３年間で２５００人養成する。２０１７年7月には、米アップル社が貴州省に10億ドル投資し、ビッグデータ・センターを作ると発表した。貴州省が様々な優遇策を与える見返りに、アップルは貴州省にクラウド技術を提供するという。

貴州省でこのような大胆な試みができたのは、陳敏爾書記と習近平主席との「特殊な関係」によるところが大きい。１９６０年に浙江省で生まれた陳敏爾は、習近平が浙江省党委書記を務めていた5年間、忠実な部下として、習近平書記を宣伝する陣頭指揮を執った。

　習近平はそんな陳敏爾が、まるで弟のように可愛くて仕方ない。２０１７年7月、陳敏爾を中央直轄地の重慶市党委書記に格上げし、同年10月の第19回共産党大会で、中央政治局委員（トップ25）に抜擢した。陳敏爾は一時、「習近平の後継者」とまで言われた。

貧困を脱することができない村は潰す

「貧困撲滅」を掲げる習近平主席は、毎年春節の前に、貧困地域の視察に行くことを習慣づけている。２０１８年の春節を控えた2月10日から13日まで、四川省南西部の貧困地区を視察した。

　空港から車で4時間以上も山間部を上がり、標高２５００ｍの高地に広がる少数民族・彝《イー》族の村へやって来た。習主席は、小屋のような村民の家に入って、「最近改善されたことは？」と尋ねた。すると歯の抜けた老人が習主席をトイレに案内し、「水が流れるようになりました」と答えた。

　習近平主席は、貧しい彝族の村民たちを集めて宣言した。

「わが国は社会主義を採用している。社会主義とは国民が幸福美麗の生活を送れるようにすることだ。この地の農業を発展させ、新しい家を建て、肉やじゃがいもなどをしっかり食べられるようにする。共産党の貢献には限りがないのだ！」

村民たちは一斉に拍手し、習近平主席に向かって声の限りに「主席新年好《ジュシーシンニエンハオ》！」（主席、あけましておめでとう）と叫んだ。まるで毛沢東時代のような演出を、中国中央テレビのニュースが30分も報じていた。

それでは「貧困ゼロ」の大事業は、果たして２０２０年に実現するのだろうか？　２０１８年3月5日から20日まで開かれた、年に一度の全国人民代表大会（国会）で、習近平政権の「脱貧困３年計画」の概要が明らかになった。それは、全国の貧困地域を2種類に分けて処理するというものだ。脱貧困が可能と判断した村と、不可能と判断した村である。

まず、不可能と判断した地域では、村人たちを早期に脱貧困が可能と思える地域まで引っ越しさせる。引っ越し費用と引っ越し先の提供（アパート建設）は、公費でまかなう。

例えば、四川省教育庁が2月23日に発令した「脱貧困の『春季攻勢』活動方案を全省に教育する通知」によれば、「省内の３５００ヵ所の村を退出させ、30ヵ所の貧困県に『脱帽』させ、１００万人の脱貧困を果たす」としている。「脱帽」とは、元の意味は地主や反革命分子を改造することだが、ここでは貧困状態から脱することを意味する。

四川省だけで、１００万人もの「貧困層大移動」である。望郷の念があって引っ越したくない村民はどうするのかと思ってしまうが、有無を言わせないところがコワモテの習近平政権なのである。

そして、いったん方針を策定したら、中国メディアに一斉に「党の色に染まった記事」を報道させるのも特徴の一つだ。『四川日報』（3月13日付）は「今年中に青川県で30ヵ所の村を退出させ、8086人の脱貧困を実現させる」と、華々しく報じた。

貧困層を養う5つの政策とは

一方、脱貧困が可能と判断した村は、前述の「農村淘宝」を送り込むなどして再生させる。3月11日、全国人民代表大会の大臣会見の場で、鍾山《しょうざん》商務部長（経済相）は述べた。

「今後われわれは、『5大扶貧《フーピン》』（貧困層のための5つの扶養対策）を重点的に実行に移していく。第一に『電商扶貧』で、インターネット通販と農村を結びつける。貧困地域の良質で特色ある農産品を、深山から放出して都市に送り、高値で売るのだ。2017年、『電商扶貧』はすでに499ヵ所の国家級の貧困県をカバーした。第二に『家政扶貧』だ。われわれは『百城万村家政扶貧計画』（1万の村の村民を100の都市の家政婦にする貧困層扶養計画）を提起しており、地域の中心都市と貧困農村を結びつける。

第三に『対外労務扶貧』。対外投資を行う企業に、農村の人々を海外に派遣する労働者として雇ってもらう。第四に、『産業扶貧』。多国籍企業に労働者として雇ってもらい、貧困地域を『造血』する。第五に、『辺貿扶貧』。国境地域の貿易に貧困地域の人々を巻き込んでいくのだ。（貧困層が多い）中西部地域のGDPは全国の45％、貿易額は15％を占め、潜在力は非常に大きい」

この中でも、やはりメインの政策は、アリババが実施して習近平政権がバックアップする前述の「農村淘宝」である。『経済日報』（2018年3月12日付）は「農村淘宝が脱貧困を高水準でリードし、ネット通販が農村振興を成し遂げる」と題した記事を掲載した。

〈アリババのサイトには、すでに100万人以上の農民による農産品がアップされ、1000億元（約1兆7000億円）を超える売上高を誇っている。年商1000万元（約1億7000万円）を超える『農村淘宝』も2100ヵ所を超えた。

アリババの王建勲《おうけんくん》農村事業部総経理（部門社長）によれば、すでに全国13省、120ヵ所の国家級貧困県に拠点を設け、2800万人以上のネット消費者が832ヵ所の国家級貧困県の農産品を買っている。全国の圧倒的大部分の都市に、これらの農産品が行き渡っているのだ〉

農村地域で「農村淘宝」のスタッフを指す「村小二《ツンシアオアル》」という新語が流行語にもなっている。「村小二」は3万人を超え、29の省、700県をカバーしているという。また、「淘宝大学」も開設し、累計で112万人の貧困県の人々をトレーニングした。

こうして習近平政権は、政権を挙げて貧困ゼロを目指す。そして、おそらくは2021年の年初に、「貧困ゼロ宣言」を高らかに行うだろう。

その先に「習近平皇帝」が見据えているのは、2021年の中国共産党100周年を貧困ゼロで迎え、その成果を実績として、2035年まで長期政権を続けることである。この年に習主席は82歳を迎える。ちょうど毛沢東主席が「マルクスのもとへ旅立った」(死去した)年齢である。

2022年

大卒が年間900万人を超え「大失業時代」到来

国が豊かになるにつれて大学生の数は今後も増え続ける。だが、高度経済成長が終わりつつある中、巨大な雇用を創出できなくなると……。

キーワード

学《シュエ》歴《リー》通《トン》脹《ジャン》

世界の大学生の2割は中国人

２０１８年の全国大学課長活動会議が、２月６日から、江蘇省の省都・南京市で開かれた。あまり知られていないが、中国全土の大学職員の代表が年に一度、一堂に会する会議である。

この会議で明かされたところによれば、２０１７年９月現在、中国の現役大学生は３６９９万人に上り、世界の大学生の2割を占めるという。もちろん世界一の規模だ。ちなみに日本の大学生数は、２８９万１０００人（２０１７年度）。中国は日本の13倍近い大学生を抱えていることになる。

大学生の数が多いことは、知的レベルの高いホワイトカラーの若者たちが、将来の「国の宝」になるという意味で、大きなメリットである。いまでこそ秋のノーベル賞発表の季節になると日本が沸き立っているが、あと20年もすれば、ノーベル賞の理科系の部門は毎年、中国人が受賞することになるかもしれない。

だがその反面、多数の大学生を抱えるデメリットもある。中でも最大のデメリットは、彼ら全員を就職させるのが困難なことである。「大学は出たけれど」という言葉が一昔前の日本にあったが、中国はまさに、そのような嘆き節の時代を迎えつつあるのだ。

そもそも、なぜこれほど中国で大学生の数が多いかと言えば、それは前述の「一人っ子政策」の影響が大きい。

祖父母や親の世代は、革命や貧困などの理由で、大学を出ていない人が大半である。そこで一家を挙げて、貴重な一人っ子に教育を施し、何とか大学に進学させようとする。家計収入の半分近くを一人っ子の教育費にあてるという家庭はザラである。一人っ子たちは幼少時から、英語教室やパソコン教室などに通わされ、スケジュールは夜までギッシリだ。そうして「6人の親」の期待を一身に背負って育つため、「小皇帝」「小公主」と呼ばれる一人っ子たちは、自分が大学へ進学しなければという意識が強い。

共産党政権としては、「人民の切実な要求」にはきちんと応えないと、容易に暴動などに発展してしまう。そこで改革開放政策が定着した1980年代以降、どんどん大学の数を増やしていったのである。

教育部（文部科学省に相当）の統計によれば、2017年5月31日現在、中国の大学数は、普通大学が2631校（うち私立大学が265校）、社会人大学が283校で、合わせて2914校である。また、2017年の中国の大学進学率は、42・7％に上る。文部科学省の統計によれば日本の2017年度の大学・短大進学率は54・8％なので、日中の大学進学率の差は、それほどなくなってきた。

中国で増えたのは大学ばかりではない。中国共産党中央委員会機関紙『人民日報』の記事（2018年1月26日付）によれば、2016年末時点で、全国の高等学校数は2万4700校で、在校生は3970万1000人に上る。そのうち普通高校が1万3400校で、在校生は2366万6500人。高等職業学校が1万900校で、在校生は1599万人である。

高校進学率は87・5％に上り、2012年に較べて2・5％上昇した。また、普通高校の卒業生の大学進学率は94・5％に達し、2012年に較べて7・5％も上昇している。

こうした結果、中国の大学卒業生の数は、右肩上がりで増え続けているのだ。

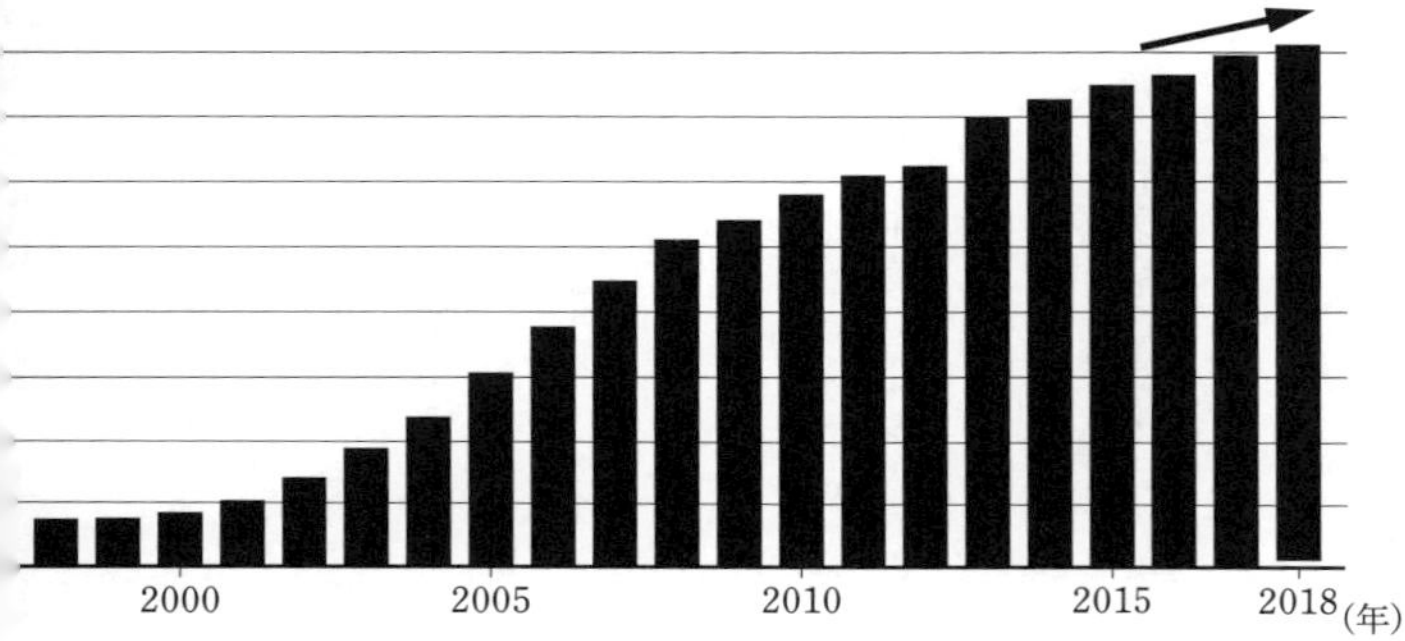

卒業生も日本の14倍

１９４９年の中国建国の年、大学卒業生は、中国全土でわずか2万１０００人にすぎなかった。鄧小平が改革開放を始めた１９７８年が16万５０００人、１９８７年が53万２０００人で、この年に初めて50万人を突破した。

その後は、上の棒グラフの通りである。

２０１８年夏の大学卒業生（中国の学制は9月入学で7月卒業）は、８２０万人と見込まれ、初めて８００万人の大台を超える。過去5年で平均約24万人ずつ増えていることを勘案すると、２０２２年には、いよいよ９００万人の大台を突破することが見込まれるのである。

２０１７年3月の日本の大学の卒業生数が56万７０００人なので、同年の大学卒業生の数で較べても、中国は日本の14倍となる。２０２２年に卒業生数が９００万人になれば、２０１７年時点の日本の16倍である。

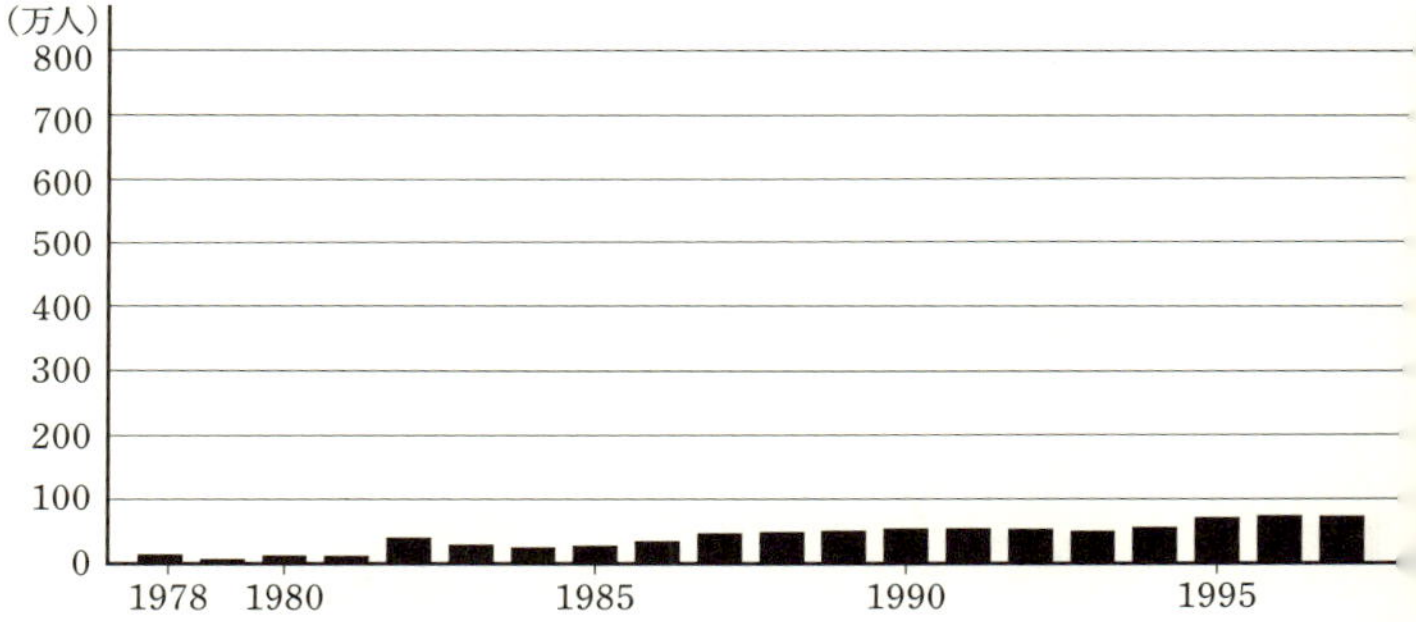

中国の大学卒業生数の推移（出典：教育部他）

そのため、ここ10年ほど、「学歴通脹《シュエリートンジャン》」（学歴のインフレ）という言葉が中国で用いられるようになってきている。大卒者に対する社会の需要に対して、供給側の大卒者が不釣り合いに多いという意味だ。

周知のように、このところの日本の大学生の就職状況は、空前の活況を呈している。文部科学省と厚生労働省の調査によれば、2018年3月卒業の大学生の就職率は、何と98・0％。前年より0・4ポイント上昇し、過去最高となった。これは、就業希望者がほぼ全員、就職できたに等しい。リクルートワークス研究所の大卒求人倍率調査によれば、2018年3月に大学を卒業した民間企業就職希望者は42万3000人だったが、民間企業の求人総数は75万5000人と、1・78倍もあったのだ。

私は週に一度、明治大学で約300人の学生に東アジアの国際関係論を教えているが、ある時、4年生の男子学生が、就職の相談に来た。「企業を紹介してほしい」と言うのかと思いきや、何と5大商社のうち4社から内定が出てしまい、どの会社に行くかで悩んでいるのだという。バブル世代と言われた私の世代でもなかったような現象が、いまの日本で起こっているのだ。

毎年1500万人分の新規雇用が必要？

だが、日本の14倍もの大学生が卒業していく中国はどうだろうか？　いくら中国が日本の25倍の国土を擁しているからといって、800万人もの卒業生に見合う「崗位《ガンウェイ》」（職場）など、あるはずもない。加えて、2017年には48万900人もの海外留学組が帰国している。さらに高卒や中卒も含めれば、毎年1500万人規模の「崗位」が必要だ。これは東京都の人口よりも多い数である。

そのため、いかに新規雇用者数を増やしていくかは、中国政府が抱える永遠の悩みと言える。中国政府があれほどGDPの成長率にこだわるのも、「GDPが増加すれば新規雇用者数も増加する」と考えていることが大きい。

雇用問題の担当大臣である尹蔚民《いんいみん》人力資源社会保障部長（厚労相に相当）は、2016年2月に行った会見で、苦悩する胸の内を明かしている。

「2016年の就職状況は比較的複雑、つまり非常に困難な状況にある。今年の大学卒業生は765万人に達し、前年比16万人増だ。これに中卒や高卒も加えると、1500万人前後の若者が就業を求めていることになる。ところがそこへ、マイナス要因が影響を与えてくる。一つめは、過剰生産を解消するため、一部の従業員が『下崗《シアガン》』（レイオフ）されること。二つめは、経済成長の下降圧力が増大し、一部の企業では経営が困難になりつつあることだ」

尹部長は続いて、苦境をどうやって乗り切るかについて、6つの方策を述べている。

「第一に、就業数が増えるようなマクロ経済政策を採用する。第二に、『下崗』された人々に適切な再就職先を見つける。第三に、引き続き大学生の就業・創業促進計画を立てる。第四に、卒業生の職業トレーニングの場を拡大する。第五に、創業の潜在力を引き出す。第六に、インターネットのサービスを拡大し、就業につなげていく」

その後、状況は改善されたのだろうか？　2017年12月に教育部の林恵青《りんけいせい》副部長（副大臣）は、「2018年全国普通大学卒業生就職創業活動ネットテレビ会議」で、こう述べた。

「2018年の就業の状況は、厳しいものがある。そこで以下の3つの活動が必要だ。

第一に、まずは中小企業での就業の確保だ。大学生は『一線都市』『二線都市』のような大都市での就職を希望している。そこでの就職活動がうまくできるよう、国家が費用を補助する政策を取る。第二に、サービス保障の新たな形式を形成することだ。インターネット技術の進歩を発展の足掛かりとして、『インターネット+就業』の新たなモデルを運用し、イノベーションと創業の新たなエネルギーを結集させるのだ。

　第三に、大きなプロジェクトを起こして『新鮮な血液』を送り込む。大学生が祖国に報いて献身できるような健全なトレーニング・モデルを改革し、大学生が先端技術産業や戦略的な新興産業に行きつけるようにしてやるのだ」

「官僚用語」を駆使して立派なことを述べているが、やはり大変なのである。2018年3月2日には人力資源社会保障部が全国に向けて、「2018年全国大学卒業生就業創業活動を適切に行うための通知」を発令した。夏の卒業シーズンに向けて再度、発破をかけたのだ。

新規就業者数1351万人のカラクリ

　中国政府は就業に関して、強気の姿勢を崩していない。国家統計局の寧吉喆《ねいきちてつ》局長は、2018年1月18日の会見で、「2017年の都市部での新規就業者数は1300万人を超え、(2017年)12月の都市部の失業率は4・98%と、5%を下回った」と胸を張った。人力資源社会保障部の盧《ろ》愛紅《あいこう》報道官も1月26日の会見で、「2017年の都市部の新規就業者数は1351万人に達し、失業者の再就業数も558万人に上った」と豪語した。

　だが、実際の就業状況は、決してよいとは言えない。2017年12月に中国人民銀行(中央銀行)は、「2017年第4四半期都市預金者アンケート調査報告」を発布した。全国50

都市で2万人に上る預金者に、就業に関するアンケート調査を行ったものだ。

それによると、「就業の状況はよく、容易に見つかる」と答えた人は15・9％にすぎなかったのだ。「普通」と答えた人が51・2％、「状況は厳しく、就業難だ」もしくは「見通しはよくない」と答えた人が33・0％だった。「笛吹けども踊らず」という状況が垣間見える。

そもそも、中国政府が発表している「年間新規就業者数1351万人」には、カラクリがある。二つ例を示そう。

一つは、「滴滴出行《ディーディーチューシン》」という新興IT企業の存在である。別名「中国版ウーバー」だ。ウーバーは、2009年に米サンフランシスコで創業した「合法的白タク会社」である。アメリカのような広大な大陸では、路上でタクシーを待っていても一向に来ないし、タクシー会社に電話しても遠くまで来てくれなかったりする。そこで、スマホでウーバーのアプリを使って目的地を入力すると、近くにいるウーバー登録者が応答して、自家用車で目的地まで運んでくれる仕組みだ。

2012年9月、この仕組みをソックリまねて北京で始めたのが、「滴滴出行」だった。創業者は、元アリババの子会社で副社長を務めていた当時29歳の程維《ていい》CEOで、わずか3人で起業した。

折りしも北京は、急速な経済発展によって多くの市民が、初乗り10元（約170円）と安

中国で配車アプリ最大手となった滴滴出行

いタクシーを足代わりにしていたが、2200万都市にタクシーは7万台しかなかった。そのため私が暮らしていた頃の北京には、空車のタクシーなど皆無だった。「タクシー運転手様は北京市長より偉い」という言葉があったほどで、タクシーとは運転手に平身低頭して乗せていただくものだったのだ。

そんな中で「滴滴出行」を創業したため、たちまち水を得た魚のように飛躍していった。スマホで呼べて、スマホで決済でき、しかも一般のタクシーより3割程度安いという点も、大ヒットした一因だった。この会社に、テンセントが計4500万ドル、米アップルが10億ドルをそれぞれ出資し、2015年末には累計利用者数が、本家アメリカの2倍近い14億3000万人に達した。そして2016年8月には、とうとう本家アメリカのウーバー・チャイナを買収してしまったのである。

この頃、習近平政権内部で、「滴滴出行」を巡って論争が巻き起こった。公安部は「違法行為の『白タク』である」として、潰してしまおうとした。

だが、「インターネット・プラス」というキャッチフレーズでネットを使った新産業の創業を奨励してきた李克強首相ら経済改革派は、擁護に回った。結局、2016年7月に、関連7官庁が「インターネット予約タクシー経営サービス管理暫定弁法」を公布。「滴滴出行」の完全勝利に終わったのだった。

多すぎた運転手

後に方々を取材して分かったのは、「滴滴出行」を合法化した最大の決め手は、大量の雇用を創出するからというものだった。

習近平政権は、「毎年都市部で新規雇用1000万人を確保する」という公約を掲げている。だが経済失速に伴い、「無業遊民」と呼ばれる主に若年層の失業者は、5000万人規模に達しているとも言われた。そんな中で、これまで家でブラブラしていた若者たちが、親や親族などの車を使って「運転手」になるという「就業革命」が起こったのだ。

実際、「滴滴出行」は2016年9月に『移動出行及び運転手の就業報告』を発表し、自社が中国全土で1500万人の運転手の雇用を創出したと誇った。特に、「八〇後《バーリンホウ》」（1980年代生まれ）の若い運転手が全体の46％、「七〇後《チーリンホウ》」（1970年代生まれ）が32％を占めているとしたのである。換言すれば「滴滴出行」1社で、もしくは競合する3社も入れた大手4社で、政府の年間雇用目標の大部分をクリアしてしまったことになる。

だが、その後、2017年に起こったことは、その揺り戻しだった。多くの若年失業者たちが、車1台で大都市に押し寄せたため、都市部が大渋滞をきたし、かつ大気汚染も深刻化してしまった。

そのため、大都市では戸籍を持たない運転手の進入を禁止した。この措置によって8割方の運転手が、再び失業してしまったのである。中には、より多くの収入を得ようと、稼ぎのいい高級車をローンで購入した運転手もいたが、まさに悲劇である。

だが中国政府は、2015年から2016年にかけて「新規雇用人口」に数えられた運転手の中の少なからぬ部分が、2017年に再び失業した事実については、沈黙を保っている。「光」の部分のみにスポットライトを当てて、「影」の部分は黙して語らずというのは、どの国の政府にも当てはまることだが、特に中国では、そうした傾向が強い。

「1日に1万6600社が誕生」。だが、その大半は……

これと似たもう一つの例が、「創業」の奨励である。国家統計局の寧吉喆局長は、２０１8年1月18日に開いた年に一度の記者会見で、次のように豪語した。

「わが国で、『大衆創業、万衆創新』の新たな潮流が湧き上がってきている。２０１７年の新規登録企業数は、1日当たり平均1万６６００社に上った」

1日当たり1万６６００社ということは、年間約６００万社！　このことは李克強首相も誇っていて、各国首脳との会談などで、たびたび吹聴している。

年間６００万社が起業するということは、少なくとも６００万人の創業者分の「雇用」は確保されたことになる。平均2人で創業したとすれば、それだけで「新規就業者」は１２００万人となる。つまり、中国政府の１０００万人の目標はクリアである。

だが、そこからが問題である。私は２０１８年1月、中国で最も起業が盛んな都市、深圳を視察した。２０１６年の全国の新規登録企業数５５２万８０００社のうち、中国最大の38万６７０４社が深圳で起業した。中国全体の約７％にあたる。

確かに、２０１７年末に株式の時価総額で世界第5位に躍り出たテンセント、世界の商業ドローン市場の7割を寡占するＤＪＩ（大疆《ダージアン》創新《チュアンシン》）など、深圳からは華々しいサクセス・ストーリーが生まれていた。こんなにダイナミックな都市は、世界に例を見ない。

だがその一方で、１００社創業すれば、そのうち90社から95社くらいは、いつのまにか雲散霧消しているのである。創業とは、死屍累々の残酷な世界なのだということを、深圳を視察して思い知った。

深圳中心部の福田区に「華強北《ファーチアンベイ》」と呼ばれる一角がある。秋葉原の電気街を模して作った「深圳の秋葉原」だが、本場日本の30倍もの規模がある。「華強北」には中国全土から一攫千金を夢見る若者たちが、自主開発した製品を携えてやって来る。彼らには月額1000元（約1万7000円）で、1脚の椅子と長机のパソコンを置くスペースだけが与えられる。

若者たちに許された「販促期間」は、たったの3ヵ月。その間に「華強北」で評価を得られないと即刻、退場させられるのである。実際、毎日退場者が続出していた。だが彼ら大量の「新規失業者」のことは、中国政府もメディアも無視しているのだ。

「一流大卒」以外は結構厳しい

というわけで、中国政府の公式発表とは別に、肌感覚も養っておかないと、中国という大国を見誤ることになる。私が数ヵ月に一度の訪中を自分に課しているのは、まさに自分で街を観察した肌感覚を大事にしたいからである。

中国の2017年のCPIは、1・6％増と発表された。だが、北京のコンビニやスーパー、レストランなどで定点観測していると、年間の物価上昇率はそれをはるかに上回っていることが確認できる。

肌感覚ということで言えば、大学生の就職率も、日本と中国とでは差がある。私は、中国でバブル経済真っ盛りと言われた胡錦濤政権の末期（２００９年から２０１２年）に北京に住んでいたが、当時の肌感覚からしても、せいぜい大学卒業生の３人に二人が就職にありつける程度だった。ましてや現在は、胡錦濤時代の経済の勢いとは、較ぶべくもない。おそらく半数近くの大学卒業生が、自分が望むような「崗位」を得ていないのではないか。

２０１６年の暮れに北京へ行った時、セブンイレブンでレジに立っている青年に聞いたら、大学を出ても就職先がなくて、一時的にバイトしていると答えた。胡錦濤時代には考えられないことだった。

週に一度、教壇に立っている東京の明治大学でも、50人ほどの中国人留学生を教えているが、彼らも日本国内で就職先を探そうとする傾向が強まっている。胡錦濤政権の頃は、帰国組が大半を占めていたものだ。

また、北京の重点大学（全国に99校ある名門大学）の経済学部を２０１６年夏に卒業し、ある大手国有メディアに就職した知人の記者も、次のように語る。

「重点大学の学生は、何とかそれなりに就職できているが、そうでない大学の学生は大変だ。卒業しても無職だと親の体面もあるので、わざと単位を落として留年したり、大学院に進学したり、海外に留学したりする。または大学側の体面で、就職にあぶれた学生を、そのように仕向けることもある」

ただし、学生の側に、それほど大きな危機感はないという。

「われわれの世代は、親がマンションと車を持っているので、無職になったからといってすぐさま生活に困るわけではない。実際、私は大学を卒業して2年近くが経ったが、すでに同級生の半数近くが職を変えているし、家でブラブラしている人もいる」

エリートは国家公務員を目指す

中国には日本のように、経団連が決めた「就職活動の日程表」はない。「国考《グオカオ》」と呼ばれる国家公務員試験の日程を中心に、就職活動が展開される。

「2018年国考」は、申し込みが2017年10月30日から11月8日までで、筆記試験が12月10日。その結果が出たのが2018年1月24日で、筆記試験合格者の面接は、3月上旬に行われた。

「国考」を受験する学生は、まずはこれに集中し、落とされた時点で、国有企業、民営企業、外資系企業などへの就職活動を始める。「国考」を受験しない学生は、おおむね4年次の秋と春に、希望する会社の面接試験を受ける。

大学生の就職に関して、もう一つ日本と大きく異なるのは、国家公務員を除けば、大学卒業後、就職した会社に長く勤める人は極めて稀だということだ。よく言えば流動性が高くて活気がある、悪く言えば不安定なのが、中国の会社社会の特徴である。

私は北京で駐在員をしていた3年間で、延べ約4000人の中国人と名刺交換したが、帰国時にそれらの名刺を整理していて、ふと発見した。それは、名刺交換した人が私の帰国時に同じ会社に在籍している確率は、わずか1割から2割にすぎなかったということだ。

そもそもなぜこれほど多くの名刺を交換したかと言えば、同じ人が転職し、2枚、3枚と増えていくケースが多いのである。ちなみに、この1割から2割という率は、同時期に私が名刺交換した日本人が転職している割合と同じだった。中国人の転職率は、日本人の非転職率にほぼ等しいというのは興味深い。

当時は、学生たちに圧倒的人気だったのが国家公務員で、続いて国有企業だった。国家公務員になれず、国有企業の就職にも失敗した学生が、日系企業を含めた外資系企業に流れてきた。外資系企業でも引っ掛からなければ、「仕方なく」中国の民営企業に就職するというのが、学生たちのパターンだった。

私は、北京の日系文化公司で現地駐在代表（副社長）などをしていた関係で、3年間で計150人以上の中国人を面接した。だが面接では、しばしば悔しい思いをした。これはという有為な学生に出会うと、国有企業に取られてしまうのである。

当時は、北京オリンピックを成功させ、リーマン・ショックを中国経済が救ったという自信から、中国経済の牽引役である国有企業が光り輝いていた時代だった。そのため優秀な学生にとっては、外資系企業というのは、あくまでも「国有企業のすべり止め」という感覚だったのだ。

公務員「給与外所得」の実態

そもそも国家公務員が最も人気が高いのは、国有企業以上に安定性があるからだ。さらに、多額の「給与外所得」が見込めるということもあった。

いまでも鮮明に記憶しているのが、2011年11月の「2012年国考」で、突出した申し込み倍率を誇った「崗位」が3つあったことだ。1位が「国家民族事務委員会民族理論政策研究室科研管理処主任科員」で倍率が3619倍。2位が「国家民族事務委員会民族理論政策研究室総合処主任科員」で3375倍。3位が「国家認証認可監督管理委員会人事部人事処主任科員」で3042倍である。いずれもたった1人の募集に、3000人を超える学生が応募したのだ。

なぜこの3つの職が突出して人気が高いのか、不思議でならなかった。国家民族事務委員会という役所は、少数民族を担当しているが、一般の学生が少数民族にそれほど関心が高いとは思えなかったからだ。

そこで、国家公務員である北京の友人に聞いてみた。すると彼はニヤリとして答えた。

「そんなの決まっているではないか。人気の『崗位』ほど、給与外所得が多いんだよ。中国には55の少数民族があり、手厚い少数民族予算が付くが、そのカネがどこにばらまかれているかなんて分かったものではない。倍率3000倍なら、給与の3000倍もらえるとは言わないが、まあ数年で高級マンションが買えるくらいにはなるだろう」

2017年6月20日、中央紀律検査委員会は、国家民族事務委員会の曲淑輝《きょくしゅくき》紀律検査グループ長を、「長年にわたる汚職が発覚した」として、取り調べを開始したと発表した。国家民族事務委員会では、内部で紀律検査を担当するトップまでもが「長年にわたる汚職」に染まっていたというのだから、その他一同の行いは推して知るべしである。

たしかに胡錦濤時代は、「全民腐敗」と言われた時代だった。それが2012年11月の第18回共産党大会で習近平総書記が選出されると、翌12月初旬に「八項規定」を発表した。いわゆる贅沢禁止令で、そこから過去に例を見ない「反腐敗闘争」が始まったのである。

贈収賄で1日平均842人を処分

5年後の2017年10月に開いた第19回共産党大会で、中央紀律検査委員会の楊暁渡《ようぎようと》副書記（監察部長）は、次のように誇った。

「この5年間で、154万5000件を立件し、153万7000人を処分した。その中には、省級以上の幹部440人、中央委員・中央委員候補43人、中央紀律検査委員9人、海外逃亡者3453人、『海外指名手配者100人』中48人が含まれている」

5年間で153万7000人の処分とは、1日当たり平均842人も処分したわけで、恐るべき数である。また、第18期中央委員会の発足当初の中央委員は205人、中央委員候補は171人で、計376人だったので、8944万中国共産党員の頂点に君臨するトップ376人中、実に11％が処分されたことになる。

習近平政権は、「トラ（大幹部）もハエ（小役人）も同時に叩く」というスローガンを掲げて、1期目の5年間、反腐敗闘争に明け暮れたのである。

その間、国家公務員や国有企業社員の「旨《うま》み」もすっかりなくなった。ある大手国有企業に勤める友人は、「すでにランチ時の『栄養代』や秋の社員旅行の『補助金』、『図書補助費』に『暖房補助費』、年末恒例の『リンゴ箱の配布』もなくなった」とボヤいていた。そんな名目の給料外収入や支給品まであったのかと、私の方が驚いてしまった。

興味深いのは、「国考」の受験者数の推移である。胡錦濤時代末期の2010年は144万3000人、2011年が141万5000人だったが、2012年になると130万人に落ち込んでいる。2013年も138万3000人である。その後、2014年に152万人と、一時的に増加した。これは、この頃から中国経済の悪化が顕著になってきたため、安定した公務員への志向が強まったのだろう。

2015年からは、BATと呼ばれるバイドゥ、アリババ、テンセントのビッグ3が牽引するIT産業が台頭してきたため、再び140万9000人に減った。2016年も139万4000人、2017年は148万6000人だった。

ところが、2017年10月に第19回共産党大会が開かれ、習近平政権が強大化すると、2018年は再び、165万9700人と、史上最多となったのである。この増加は、景気の先行きを悲観視する学生が多いからとの見方も出ている。

ちなみに、2017年に「国考」史上最高倍率の9837倍をつけたのは、中国共産党ではなく、「野党」中国民主同盟の「中央弁公庁接対処主任科員」という「崗位」だった。

誰も見向きもしない傀儡《かいらい》野党だが、「中南海」という人もうらやむ北京の最高幹部の職住地の中央弁公庁にオフィスがあり、かつ予算がふんだんに使える接待担当係というオイシイ仕事である。国家公務員になって権力を振るってカネも使いたいが、「習近平思想」の学習はご免という、「九〇後《ジウリンホウ》」（1990年代生まれ）の若者たちのホンネが透けて見えるようだ。

究極の失業対策は「海外への人材輸出」か

中国最大の兼職紹介サイト「兼職ネット」（2017年12月26日付記事）は、最近の大学生の就職傾向について、次の3点を挙げている。

〈第一に、「給料がすべて」という時代ではなくなった。2018年に卒業する全国の大学生1049人に、「就職先を決める要素は何か？」と質問したアンケート調査の結果は、「給料と福利」が84％、「職場環境」が67％、「個人の興味」が62％、「会社の業種や将来性」が61％だった。給料は引き続き、重要な要素ではあるけれども、それだけではないということだ。

第二に、北京・上海・広州の3大都市での就職にこだわらない傾向である。1970年代、1980年代生まれの学生たちは、3大都市での就職にチャンスを見出していた。だが、1990年代生まれの人たちは、それほど3大都市での就職にはこだわっておらず、Uターン就職も選択肢の一つと考えている。その証拠に、前述のアンケート調査で、80％の学生が「職場と故郷との距離も考慮する」と回答している。

第三に、大企業への就職にこだわらなくなってきていることだ。これまでは、福利厚生がしっかりしていて安定的な大企業への就職を希望する学生が大部分だった。ところがここ数年、学生の傾向が変わってきて、「一線都市」の中小企業への就職や創業が、右肩上がりに増えている〉

今後も中国の大卒は増えていくことが見込まれるため、ますます「学歴通脹」（学歴のインフレ）が深刻になっていくのは自明の理だ。中国政府はこの問題を解決するため、海外への留学と海外での就業を奨励していくだろう。

習近平政権は、「一帯一路」という外交スローガンを掲げている。これは、中国とヨーロッパを陸路（シルクロード経済ベルト）と海路（21世紀海上シルクロード）で結ぼうという壮大な計画だ。中国政府にとって、この計画のメリットの一つが、大卒の中国人の就業先を海外に延ばせることなのである。2018年9月には「一帯一路」を推進するため、北京で「中国アフリカ提携フォーラム首脳会議」を開催し、アフリカで中国と国交のある52ヵ国の国家元首が、一堂に会する。アフリカの多くの国が、若くて学歴の高い中国人に自国へ来てほしいと思っている。そのため、この会議は両者のマッチングの場となるのだ。

もう一つは、極論だが、何でも尊敬する毛沢東元主席を見習おうとする習近平主席が、毛沢東式の「知青」（都市部の青年の農村部への下放）を、国家政策として進めていくかもしれない。一人っ子で頭でっかちの若者たちは農村へ行って働けということだ。

いずれにしても、中国政府は今後とも、自転車操業のように経済成長を続けていかねばならない。経済成長がストップすれば、若者の就業がストップする。若者の失業者が増えれば、1989年に若者たちが民主化を求めて立ち上がった天安門事件の二の舞になりかねない。その意味で若者の就業は、共産党政権の存続に直結する大問題なのである。

2023年

世界一の経済大国となり中間層4億人が「爆消費」

国際化やIT技術の普及によって、中国人が消費する金額・物量は驚異的な勢いで今後ますます膨らみ続ける。そしてそれは同時に、究極の監視社会の到来にもつながるのか？

キーワード

消費革命《シアオフエイ グー ミン》

1日で3兆円近くを売り上げるイベント

「3、2、1、開始!!」

２０１７年11月11日深夜０時。上海に設置されたアリババの特設会場で、司会者の音頭でカウントダウンが始まると、集まった数千人の観客が、一斉に声を揃えた。

開始するや、司会者が興奮気味にアナウンスする。

「開始11秒で、売り上げが１億元（約17億円）を突破！」

「開始28秒で、売り上げが10億元（約１７０億円）を突破！」

「開始３分１秒で、売り上げが１００億元（約１７００億円）を突破！」

2017年11月11日の「双十一」イベントに14億中国人が熱狂

「開始11分14秒で、売り上げが200億元（約3400億円）を突破！」

この日は「双十一《シュアンシーイー》」の「消費者デー」だった。そのため、このイベントを盛り上げる「晩会《ナイトショー》」が、上海で開かれたのだ。

浙江衛視が中国全土に生中継した「晩会」には、ハリウッド女優のニコール・キッドマン、元サッカー英国代表チーム主将のデビッド・ベッカム、中国を代表する女優の章子怡《チャンズイー》や范冰冰《ファンビンビン》など、中国内外の著名人が勢揃いした。アリババの馬雲会長は、自ら主演を務め、この日に合わせて中国全土で公開されたカンフー映画『功守道』の武術家に扮して登場した。

「双十一」は、2009年にアリババが始めた、インターネット通販のイベントセールである（「2020年」の章参照）。彼氏や彼女のいない

「お一人様」を、インターネット通販の顧客に取り込もうと、「1」が4つ並び立つ11月11日を、「お一人様の日」(光棍節《グアングアジェ》)と定めて、割引セールを行ったのだ。

このイベントは大当たりし、年々規模が拡大していった。そこで、習近平総書記が誕生した2012年11月からは、「双十一」(二つの11)と名称を変更して、国民的イベントに格上げした。そうした結果、2017年の「双十一」はケタ外れの記録を打ち立てたのである。

司会者の絶叫が続いた。

「開始9時間4秒で、売り上げが1000億元(約1兆7000億円)を突破!」

「開始13時間9分49秒で、2016年の売り上げ1207億元(約2兆円)を突破!」

「開始21時間12分で、売り上げ1500億元(約2兆5500億円)を突破!」

結局、24時間の総売上高は、1682億6800万元(約2兆8600億円)と、前年比39・4%増を記録したのだった。

ネット・ショッピングの成立件数も、計14億8000万件で、前年比41%増である。1秒当たり1万7129件もの売買が成立した計算である。この日だけで、日本で言えば楽天の2016年の年間取扱額にほぼ匹敵する額を売り上げてしまったわけで、まさに14億中国人の「爆買い」を見せつけた格好となった。

ユニクロもシャープも大儲け

「双十一」に殺到したのは、買い手の側だけではなかった。売り手側の企業も、何とかアリババのサイト「天猫《テイエンマオ》」で自社の商品を取り扱ってもらおうと必死になった。結局、この日「天猫」サイトには、計１００万社以上の企業が、約１５００万種類の商品を、「陳列」したのだった。

その中には、少なからぬ日本企業も含まれていた。「天猫」サイトには、「『原汁原味《ユエンジユエンワア》』(オリジナル)の海外生活体験」と銘打った計17ヵ国・地域のショッピングモール「国際地区館」が展開されている。その中で「日本館」の売り上げは、「韓国館」や「アメリカ館」を抑えてダントツだった。

「双十一」では、24時間の売り上げが1億元(約17億円)を突破した企業のことを、「億元クラブ」と呼んで称えている。２０１７年は「億元クラブ」入りした内外の企業が、１６７社に達した。中でも、全体の6位に入ったのがユニクロ、7位がシャープだったのである。

ユニクロは、２０１８年3月末現在、日本国内８３１店舗に対し、中国大陸では５９３店舗を展開している。２０１８年8月期上期決算(２０１７年9月~２０１８年2月)では、国内売り上げ４９３６億円に対し、海外売り上げは５０７４億円と、中国市場を主力とした海外での売り上げが、すでに日本での売り上げを超えているのである。

シャープも、周知のように一時は倒産しかけたが、2016年4月に台湾の鴻海《ホンハイ》精密工業が買収し「中国系企業」となったことで、業績はV字回復。2018年4月に発表した2018年3月期の連結決算は、前年比で売上高18・4％増、経常利益は256％増。V字回復の陰に、中国市場アリだったのである。

ちなみに、2017年の「双十一」は、前年にアリババが買収したASEAN（東南アジア諸国連合）最大のネット通販会社「ラザダ」（本社シンガポール）も組み込んだ。それによって、シンガポール、インドネシア、タイ、マレーシア、フィリピン、ベトナムの計約1億人も参加したのだった。

その結果、総合的な売り上げは、ASEAN最大2億4000万人の人口を有するインドネシア国民の半年分の消費額に匹敵する額となった。14億人の「爆消費」のパワーは、東南アジアにも広がりを見せたのである。

悲願を達成した日

中国の人口は古代から現在まで、ほぼ変わらず世界一である。変わったのは、いまからちょうど40年前の1978年暮れに始まった改革開放政策によって、中国全体の経済力が、飛躍的に伸びたことだ。そして、経済力をつけた中国人たちが、世界で比類のない規模の

「爆消費」に走っているのだ。

中国人はもともと、来世の幸福を願う宗教を持たず、ひたすら現世の享楽に没頭する傾向が強い。それだけに、改革開放政策によって、毛沢東時代に抑えつけられていた消費熱に火がついたのである。

1978年の中国のGDPは、2683億ドルで、世界15位に過ぎなかった。ところが2017年は、11兆9375億ドルと、40年で44倍！　いまやアメリカに次いで、不動の世界第2位の地位をキープしている。

中国のGDPに関して、私は北京駐在員時代に、忘れ得ぬ思い出がある。それは、2011年2月14日夕刻の出来事だ。その日、私は北京市内のホテル最上階のレストランで、取引先の中国企業の幹部たちと会食していた。「情人節《バレンタインデー》」の晩ということで、周囲は富裕層のカップルで一杯だった。

そんな中、レストランのスタッフが突然、マイクを握って語り出したのだ。

「『情人節』の今日、皆さまに朗報があります。ただいまニュース速報が入り、2010年のわが国のGDPが、日本を追い越して、世界第2位になったのです」

当時はまだ、自分のスマホで情報を得るという習慣が普及していなかった。レストランには「ウォーッ！」という歓声が上がった。そしてカップルたちは一斉にシャンパンを注文して、乾杯、乾杯である。

思えば、レストランにいる私以外の人間は全員、中国人だった。その風景を目の当たりにして、日本経済を追い越すことが、14億中国人の長年の悲願だったのだと再認識した。

そして、2010年に日本を抜き去った中国が、次に見据えているのが、トップに君臨するアメリカなのである。

その日は「2023年から2027年の間」

それでは、中国経済はいったいいつ、アメリカ経済を追い越すのか？

米中の経済力を比較すると、中国のGDPがアメリカのGDPの10％を超えたのは、1996年のことだった。その後、アメリカの20％を超えるまでに、ちょうど10年かかり、以後は2年ごとに10％ずつ追い上げてきた。すなわち、2008年に30％を超え、2010年に40％を超え、2012年に50％を超え、2014年に60％を超えた。

だが2015年以降、アメリカ経済が復活したのと、中国経済の成長スピードが鈍化したことで、2017年の段階では、63・2％である。中国国家統計局は2018年1月18日、「2017年のGDPは、82兆7122億元だった」と発表した。一方のアメリカは、2018年1月26日、商務省経済分析局が、「2017年のGDPは19兆3868億ドルだ

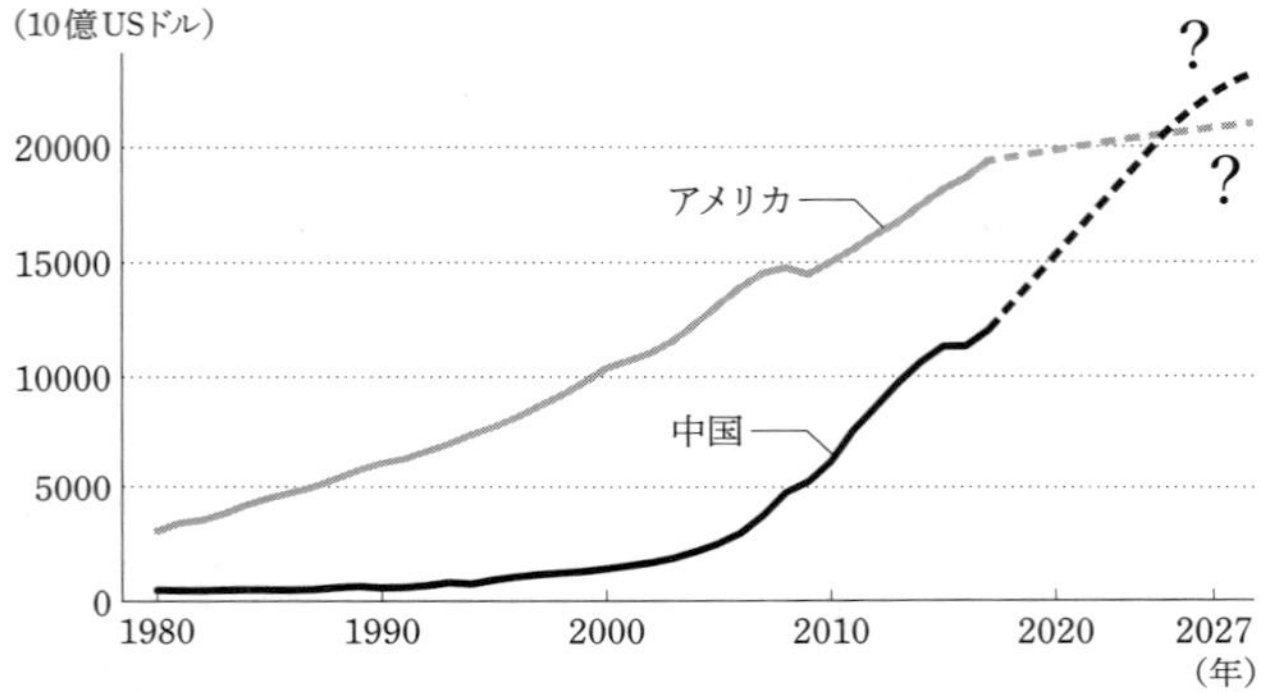

米中のGDPの推移（出典：国家統計局他をもとに編集部で作成）

った」と発表。これらをもとに、２０１７年のドル・人民元の平均為替レートである1ドル＝６・７５人民元で計算すれば、中国のＧＤＰは、アメリカの63・２％となるのだ。

２０１８年には、おそらく中国のＧＤＰは、アメリカの70％前後に達する。同時に、２０１７年に８５８３ドルだった、中国人一人当たりの平均ＧＤＰは、まもなく1万ドルの大台を突破する。

中国国家統計局は、２０１８年から、４度目となるＧＤＰの算出方法見直しを宣言している。また、今後一定期間は、２０１７年の為替に較べて、人民元高ドル安が予想される。この二つの要素は、米中のＧＤＰの差を縮める方向に働く。

こうしたことを勘案すると、ＧＤＰの米中逆転が起こるのは、２０２３年から２０２７年頃になることが見込まれるのだ。

私自身は、習近平政権のメンツにかけて、2023年に中国はアメリカを追い越して、世界最大の経済大国になる可能性があると見ている。なぜなら、2023年という年は、2期目の習近平政権が終わる年だからである。

本来なら、2期10年で習近平政権は終了し、2023年3月をもって、「革命第6世代」(1960年代生まれ)の政治家にバトンタッチするところだ。だが、2018年3月に開いた全国人民代表大会で、習近平政権は、憲法第79条第3項を改正し、国家主席の任期を撤廃してしまった。これは習近平主席が、2023年になっても、政権を継続するという意思表示に他ならない。そのためには、同年に中国がアメリカを追い越して世界一の経済大国になることを、自らの政権の成果として強調することが大事なのである。「GDP世界一は、習近平新時代と14億人民の偉大なる勝利だ」とアピールしたいわけだ。

莫大な消費力――4億人の中間所得者層

ともあれ、経済規模でアメリカを超えた、もしくはほぼ並んだ2023年の中国が、アメリカを圧倒的に凌駕することが確実なのは、その消費力である。特に、急増しているミドルクラスが、消費の牽引役となることは間違いない。

『中国都市統計年鑑2016』によれば、2015年の時点で、中国に人口100万人以上の都市は、上海、北京、深圳、重慶の4つの1000万都市を始め、合計で72もある。しかも、最大の経済都市・上海でも、2017年のGDPは、中国全体の3・6％にすぎないのだ。

このことは、中国のミドルクラスが、一極集中ではなく、全国に散らばっていることを意味している。実際、私は中国全土31地域をほぼ回ったが、中国を列車で旅すると、都市の風景が、窓外に尽きることがないという現実に驚愕してしまう。ミドルクラスが全国に分散していることは、中国にとって大きな強みである。

ミドルクラスは、日本では中間層、中間所得者層、中産階級、中流階級などと訳されるが、その定義は、年収500万円～800万円の人々を指すこともあれば、300万円～2000万円などと広義に捉えることもある。同様に中国でも、「中等収入群体」「中産階級」「中等階層」などと訳され、やはり定義はあいまいだ。

中国政府の高官たちが最近よく使うのは、「年収が平均家庭年収以上で平均家庭年収の2倍以下の家庭」という定義である。それによると、2017年の中国人の平均年収は5万6250元（約95万円）なので、一人暮らしの場合、日本円にして年収95万円～190万円。もしくは夫婦共稼ぎとして、家庭年収190万円～380万円の中国人である。

2018年3月6日、中国経済の司令塔である国家発展改革委員会の何立峰《かりつぽう》主任は、全国人民代表大会の会見で、こう述べた。

「現在、中国には14億の人口がいて、『中等収入群体』が急成長している。不完全な統計によれば、4億人以上の『中等収入群体』がいて、国別では世界一である」

3月11日には、鍾山《しょうざん》商務部長（経済相）も同様の見解を述べている。

「わが国の消費の発展には、ものすごい潜在力がある。人口は14億人に近く、『中等収入群体』は、すでに4億人前後に上っている」

この両高官は、「平均以上2倍以下」という定義に基づいて発言したものと思われる。だがこの定義では、日本人が考えるミドルクラスよりも、やや低所得者層に寄りすぎている。

中国メディアでも、もう少し底上げした定義で報道することが多い。例えば、『毎日財経ネット』（2018年1月12日付）では、8段階に分類している。上から順に、年収200万元（約3400万円）以上の「富人家庭」、80万元（約1360万円）以上〜200万元未満の「富裕家庭」、50万元（約850万円）以上〜80万元未満の「中産家庭」、36万元（約610万円）以上〜50万元未満の「小康家庭」、10万元（約170万円）以上〜36万元未満の「貧窮家庭」、5万元（約85万円）以上〜10万元未満の「貧困家庭」、3万元（約51万円）以上〜5万元未満の「困難家庭」、そして3万元未満の「特別困難家庭」である。

そのうち、いま中国で拡大しているのは、日本円で年収600万円から1000万円くらいのミドルクラスで、彼らを「新中産階級」と呼ぶこともある。

「新中産階級」に属している人が、中国でどのくらいいるのかについては、明確な統計がないので不明である。ただ、20代から40代の若い世代が中心になっているのは確かだ。

そんな中で、私は一つの目安として、パスポート保持者の人数を、ミドルクラスとみなしてよいのではないかと考えている。なぜなら中国人は、自分が低所得者層から中間所得者層になったと実感した時、「海外旅行に行こう」と思い立つからだ（正確に言えば、中国では「海外《ハイワイ》」ではなく、香港・マカオ・台湾を含めた「境外《ジンワイ》」という言葉を使う）。

ところが、中国で一般のパスポートを発給する公安部も、ツーリズムを管轄する文化観光部も、中国人のパスポート保有者数については公表していない。

それでも、ヒントになる発言はある。例えば、2018年1月下旬にスイスの寒村ダボスで行われた「世界経済フォーラム年次総会」（通称ダボス会議）に参加した、孫潔《そんけつ》・携程《シエチエン》CEOの次の発言だ。携程は、中国最大手のネット旅行代理店である。

「現在、パスポートを持っている中国公民は1億2000万人に上っている。だが2020年までに、2倍の2億4000万人に増えるだろう」

孫潔CEOの予測通りだとしたら、これから2年で、パスポート保持者は1億2000万人増えるのだから、同じペースで増えたとしたら、2023年には4億2000万人に達することになる。すなわち、一国で４億人を超えるミドルクラスという、人類未経験の領域に、中国はまた一つ突入することになる。

「爆消費の時代」を予測する

それでは、４億人の中国のミドルクラスは、いったいどのような消費活動を行うのか？

まずは、話のついでに中国人の海外旅行（境外旅遊《ジンワイリユウヨウ》）について見てみよう。

１９７８年の改革開放後、中国政府が一般公民に、団体での香港とマカオの親族訪問を許可したのは１９８３年。海外旅行第一号として、タイへの団体旅行を許可したのが１９８８年のことだ。その後、１９８９年の天安門事件で、中国はいったん海外旅行を禁止するが、１９９７年から一般人に、自由にパスポートを発給するようになった。

今世紀に入って、北京オリンピックが開かれた２００８年から、中国人のアメリカへの団体旅行が解禁された。翌２００９年７月には、日本政府が中国人の個人旅行ビザを、条件付きで解禁した。その頃から都市部の中国人たちが、水を得た魚のように、春節（旧正月）や国慶節（建国記念日）の大型連休などを利用して、積極的に海外旅行へ出ていくようになった。

２０１４年には、中国人の出境数が、初めて１億人を突破。この年の中国人の海外での出費は、前年比28％増の1648億ドル（約18兆1280億円）に上った。この額は、もちろん世界一だ。

日本で、中国人の「爆買い」が話題になり始めたのも、この頃からである。

2015年の春節の時期、私も「爆買い」する中国人観光客たちを、東京各地で取材した。2009年に中国の家電量販店最大手・蘇寧《スーニン》が買収したラオックスの銀座7丁目店は、「爆買い」中国人観光客たちが続々と押し寄せる名所と化していた。私が店を訪れた時、店内は沸き立っていた。何と1階特設売り場で、6666万6666円の高級時計の福袋が売れたのだという。

「空席」となった隣には、8888万8888円の紅色の大きな福袋が、ドーンと置かれていた。この最高額の福袋は不動だったが、その下に置かれた10万円、20万円、50万円の福袋は、飛ぶように売れていた。ちなみに広い店内の客は、私以外全員、中国人だった。

この頃、日本では「インバウンド業界」という言葉も生まれた。都内のデパートは中国人観光客を意識した改装を行い、各所に免税店が生まれていった。私は日本語を話せない中国人のフリをして、都内10ヵ所のデパートで実地調査を行ってみた。するとほとんどのデパートで、中国人の従業員を置くか、もしくは日本人従業員が必死に中国語で対応してくれた。

中国人観光客の誘致は死活問題に

地方ではさらに、中国人観光客を地方活性化の切り札にしようとしている。

２０１５年8月に、北海道の室蘭《むろらん》を訪問した時のこと。札幌の新千歳空港から室蘭へ向かう噴火湾では、地元で「ホタテ御殿」と呼ばれる豪邸がズラリ建ち並んでいた。噴火湾で養殖したホタテを、中国が破格の値段で買ってくれるので、年収１億円を超える地元の漁師が続出していたのだ。

室蘭市の青山剛《たけし》市長とはこの時、初対面だったが、開口一番、「天津の爆発事故は、いまどうなっていますか？」と質問された。その10日ほど前に、天津濱海《ひんかい》新区で発生した大規模な爆発事故は、日本でもニュースになっていた。だが、なぜ室蘭市長がそんなに気にするのか？　青山市長に聞くと、こう答えた。

「今年5月に、天津港から中国人３０００人を乗せた観光船を室蘭港に誘致したら、わずか12時間の滞在で、室蘭市内のみやげ物を売り尽くしたのです。少子高齢化で人口がピーク時の半数を割った室蘭に、まさに神風が吹いたようでした。それで9月12日に、２回めの寄港をお願いしたのですが、ツアーが中止されるのではないかと気が気でなくて……」

青山市長は、「我是室蘭市長　青山　剛《ウオシーシーランシージャンチンシャンガン》……」と、顔を引きつらせながら、中国語の挨拶を特訓中だった。

この時の北海道視察で、室蘭市ばかりか、北海道を挙げて、中国人観光客の誘致に必死になっている様子を垣間見た。行く先々でどうやったら中国人を呼べるかと問われる。

そんな中、私は一つだけ、北海道の人々にアドバイスをした。それは、北海道の人気菓子の一つである「六花亭」のマルセイバターサンドが、これまで中国人に渡した日本みやげの中で、最も喜ばれたという体験談だ。そのため北京駐在員時代には、日本に一時帰国するたびに、北海道から何十箱ものマルセイバターサンドを取り寄せ、北京に持ち帰っていた。このように、中国人の嗜好《しこう》に合ったものをアピールすればよいのだ。

ともあれ、今後は室蘭市のように、「中国人観光客頼み」の状況が、ますます日本各地で起こっているに違いない。

5年後の銀座の姿を知る方法

私が常々、念頭に置いているのは、「現在の韓国が、5年後の日本」ということである。韓国の方が日本より経済規模が小さいため、アジア最大の大国・中国の影響を受けやすい。だが、日本も受けないわけでは決してなくて、韓国でいま起こっているような状況が、5年後には日本でも起こるということだ。『韓国観光統計』によれば、２０１６年に訪韓した外国人観光客は１７２４万１８２３人で、そのうち８０６万７７２２人が中国人だった。割合にして46・８％と、ほぼ二人に一人が中国人だったのである。

この頃、私はソウルを訪れたが、「ソウルの銀座」こと明洞《ミョンドン》を歩くと中国人だらけで、まるで北京の王府井《ワンフージン》のホコ天かと見まがうほどだった。免税店や化粧品店などの各店舗は、ほとんど中国語で統一されていて、かつて中国に留学した経験のある韓国人が開いた中華レストランが幅を利かせていた。

一方、日本の状況を見ると、２０１７年の外国人観光客は、前年比19・３％増の２８６９万９０００人。そのうち中国人はトップを占め、前年比15・４％増の７３５万５８００人だった。割合にして、25・６％である。

この割合はまさに、その５年前の２０１２年の韓国における中国人観光客の割合、25・５％（全体１１１４万28人中、中国人が２８３万６８９２人）と一致するのである。つまり、５年後の銀座の様子を想像したければ、ソウルの明洞を見学しにいくとよいということだ。

急成長を遂げる中国の「出前」ビジネス

中国人の海外旅行の話は、これくらいにするとして、中国人の「爆消費」の本場は、この章の冒頭で示したように中国国内である。５年後の２０２３年には、中国国内で「消費革命」が起こっていることが予想される。

中国では、これを「第3次消費革命」と呼んでいる。

第1次消費革命は、1990年代に起こった。社会主義の中国では、それまで物資は、「国家から与えられるもの」だった。それが自分で選んで買うようになったのだ。第2次消費革命は、2000年代の後半に起こった。パソコンの画面を見て物を買う、インターネット通販が始まったのである。そしてこれから起こる第3次消費革命は、AI付きのスマホを駆使して、さらに進化した自分独自の消費を行っていくスタイルを指す。

2018年の現段階において、すでにその一端が垣間見られる。1月19日に国家統計局が発表したデータによれば、消費額全体に占めるネット通販の利用割合は、2016年の6・2%から、2017年は7・9%に増加した。

だが、私の肌感覚からすれば、いまの中国の若者は、すでに多くのショッピングを、スマホを使ったネット通販に頼っている。特にスマホを使った食べ物の「外売《ワイマイ》」(出前)は、一つの産業と呼んでもよいほどだ。

2018年4月に北京へ行った時、ある旧友から「家にランチを食べに来ないか」と誘われた。行ってみて、奥さんの手料理を食べるのかと思いきや、さにあらず。夫婦でスマホを繰りながら、注文しまくったのだ。

メキシコのタコス、イタリアのパスタにティラミス、韓国キムチにタイのライチ、ニュージーランドのチーズにチリのワイン……。北京の有名店「老辺餃子《ラオビエンジャオズ》」の水餃子もあった。電話をかけて1時間後には、これらが届けられてテーブルにびっしり並んだ。

中国の「外売産業」の感心する点は、売り手と運び手が異なることである。

私が北京に住んでいた2009年、勤めていた日系文化公司の近くに、マクドナルドがあった。ある日、ランチ時にオフィスを離れられなくて、マクドナルドに電話し、出前をやっていないか尋ねてみた。すると、「われわれはやっていないが、〇〇番に電話してくれ」と言われた。

教えられた携帯電話の番号に電話すると、「15分くらいで届けるが、手数料が10元（約170円）かかる」と言われ、実際すぐに持ってきた。不思議に思って、届けに来た青年に聞いたら、何と彼は、毎日ランチ時になると、勝手にマクドナルドの前に陣取って、近くのオフィスビルの人たちからの電話を待つフリーの「届け屋」だったのである。

つまり、マクドナルドにとっては、ただの「毎昼にたくさん買っていく客」に過ぎない。ところが彼の稼ぎは、わが社の同年齢の中国人社員と「差不多《チャーブドゥオ》」（ほぼ同じ）だったのだ。

こんな隙間ビジネスがあるのかと感心していたら、同年4月、上海交通大学の前で同じことをやっていた青年、張旭豪《ちょうきょくごう》と康嘉《こうか》が、「餓了嗎《ウーラマ》」（お腹空いた？）という珍妙な社名の

「届け屋会社」を立ち上げた。

「餓了嗎」は8年後の2017年6月現在で、中国全土2000都市に広がった。加盟店130万軒、利用者2億6000万人、社員数1万5000人超という巨大企業に成長したのである。2017年には、「ピータンとバラ肉の粥《かゆ》」を1886万回、「ピリ辛チキンから揚げ」を1807万回、「甘辛じゃがいもの千切り炒め」を1762万回届けた。

中国人の「爆注文」恐るべしである。「餓了嗎」のライバル社である「美団外売《メイトゥアンワイマイ》」の発表によれば、2017年の「外売産業」の市場規模は、3000億元（約5兆1000億円）を超えた。それだけに競争も激しく、2018年4月には、アリババが「餓了嗎」を95億ドルで買収。新聞の見出しに「史上最高額の〝出前注文〟成立」と書かれた。

クレジットカードは時代遅れ？

中国人の消費に関して特筆すべきは、スマホ決済（スマートフォンによる決済）が主流になりつつあることだ。

2018年の年初の段階で、テンセントが扱っているスマホ決済システムのＷｅＣｈａｔＰａｙの登録者は、約8億4000万人。アリババが扱っているＡｌｉｐａｙの登録者が、約5億2000万人いる。2社合計で13億6000万人！　重複している人も少なからずいるが、累計では、ほぼ中国の全人口に匹敵する。

中国で、これほどスマホ決済が普及したのには理由がある。

まず第一に、人民元という紙幣は、もともと信用価値が低かった。100元（約1700円）札のニセ札が大量に出回っていたため、中国人民銀行（中央銀行）は、それ以上の高額紙幣を作れなかったほどだ。

私が北京で暮らしていた頃（2009年〜2012年）は、セブンイレブンへ行ってレジ台で100元札を渡すと、必ずニセ札鑑別機に入れられた。店内の様子は日本のセブンイレブンと変わらないのだが、「ここは日本とは異境の地だ」と実感する瞬間だった。

2008年に北京オリンピックを開催した頃から、中国でクレジットカードが普及し始めた。中国の国有銀行が集まって作った「銀聯《ぎんれん》カード」を始め、VISA、MASTERなどだ。私も北京で、銀聯カードとVISAカードを作った。だが、中国の店でカード決済すると、様々な問題が発生した。カード読み取り機が壊れていたり、うまく作動しなかったり、紙が切れていたり、店員が使い方を知らなかったり……。

中でも一番の問題は、店員にクレジットカードを渡した時に、磁気を読み取られて、不正使用されることだった。「信用カードは信用できない」と言って使わない中国人も、周囲には多かった。

そんな中国社会で、紙幣とクレジットカードを飛び越える格好で登場したのが、アリババとテンセントが導入したスマホ決済だったのだ。やや大袈裟な言い方をすれば、中国で初めて、「信用できる決済」が現れたことになる。しかも便利なので、一気呵成に普及していった。

だが、日常の消費生活を、何もかもスマホ決済で済ませると、自動的にあらゆる個人の消費情報が、テンセントやアリババにストックされていくことになる。中国は、共産党政権がすべてを「指導」する社会主義国家なので、そうした情報が共産党政権に流れることは、容易に想像できる（両社ともこのことを正式に否定したことはない）。

そのあたりのリスクを、中国人はどう考えているのだろう？　私は2018年1月に、深圳のテンセント本社1階にあるレストラン「超級物種」でランチを食べた。そこは、スマホを使ってのWeChatPay決済オンリーの「現金お断りの店」だった。

その店で、私の正面の席で食事していた地元OLに、スマホ決済によって自分の消費情報が他人に渡るリスクについて尋ねてみた。すると彼女は、微笑みながら答えた。

「それはその通りで、私の消費状況は政府に筒抜けだと思うわ。だけど、この国にいつ、個人のプライバシーが認められた時代があったというの？　それに私は、違法行為は一切していないので、プライバシーが政府に知られても、やましいことなど何もないわ」

スマホ決済の履歴で個人に優劣がつけられる

中国では、スマホ決済に続いて、「プライバシーの点数化」の動きまで広がっている。

アリババは、２０１５年１月から、ビッグデータとクラウド計算を利用した「芝麻信用《ジーマーシンヨン》」（ゴマ信用）というサービスを始めた。これは、ゴマ信用が中国人一人ひとりの日々の消費動向を採点していく。そしてそれぞれに、３５０点から９５０点までの「信用分《シンヨンフェン》」（信用点数）をつけるというものだ。

「芝麻信用」の公式ＨＰによれば、評点の基準は、以下の５点である。

信用履歴……過去の個人の通帳記録の履歴
行為動向……ショッピングや各種支払い、理財活動などの動向や安定性
支払能力……安定した経済源と個人資産
身分特徴……個人の学歴や職業などの情報
人脈関係……友人などの信用度

つまり、有名大学を卒業していたり、上場企業に就職していたり、レンタル・サイクル

をルール通りに返却していたり、高級レストランで会食していたり、富裕層に友人が多かったりすると、自分の点数も上がっていく仕組みだ。逆にそうしたものが足りなかったり、社会ルールを乱す行為を行ったりすれば、点数は落ちていく。

「芝麻信用」では、個人を5段階に分けている。350点から549点が「ダメ人間」、550点から599点が「普通人間」、600点から649点が「良好人間」、650点から699点が「優秀人間」、700点から950点が「超優秀人間」である。「普通」以上になると、ホテルのチェックイン時に保証金が不要だったり、飛行機のチェックインで優先的に搭乗できたり、賃貸住宅をスムーズに借りられたりといった恩恵を受けられる。

ゴマ信用の基本構造

この「芝麻信用」は、何と個人間でも使われている。例えば、ある初対面の会社同士が商談する際、互いの社長が自分の「信用点数」を見せ合って、信用できる人間であることを示すといったことが行われている。実際、私も2018年4月に北京で会食した初対面の会社社長に、名刺と共に「７９８点」と記された自身のスマホを見せられた。

お見合いサイトでも、自分の「信用点数」を公開する若者が増えている。「信用点数」が高ければ、お見合いがスムーズに進むのである。

こうしたスマホ決済は、中国で今後、さらに多様な方向に応用されていくだろう。日本が「おもてなし文化」に安住している間に、中国の先端サービス文化が、はるかに進化を遂げていくのは確実である。

アリババの馬雲会長は、２０１６年10月に「新零售《シンリンシャオ》」（新たな小売り）という概念を打ち出し、その実験場として全国の都市部に「盒馬《フーマー》鮮《シエン》生《シエン》」（フレッシュ・フーマー）というスーパーを展開している。このスーパーの特徴は、客からスマホで注文が入ると３km以内なら30分以内で新鮮な野菜や肉魚などを届けることだ。その際、スーパーの店員が一番新鮮なものを袋詰めにしているかを客が採点し、それによって店員の給料が決まる仕組みである。

さらにスーパーの中に「調理場」まで設置し、買ったばかりの食料品を客が求めるように調理してくれる。それらは自宅に持ち帰ってもよいし、その場で食べてもよい。フレッシュ・フーマーは２０１８年5月現在、全国13都市52店舗まで増え、ウォルマートやカルフールなどの客を奪いつつある。

同時に、ネット通販に関しても、アリババがいま開発に尽力しているのは、「Ｂｕｙ＋」

というスマホとメガネを合体させたVR（仮想現実）によるショッピングである。立体化した自分の写真に様々な衣服を「試着」させ、360度全方位から眺めて購入するといったことが、5年後には可能になっているという。まさに中国においては、馬雲会長が常々言っているように、「消費とは創出していくもの」なのである。

『1984』ビッグブラザーの恐怖

ただ、一つだけ警告しておきたいのは、こうしたスマホ決済から応用されるサービスの進化は、国家が国民のプライバシーをすべて管理する社会に直結するということだ。つまり、1949年の建国以来、国民一人ひとりに「档案《ダンアン》」（公的な個人の履歴書）を作って管理してきた中国共産党政権にとって、都合のよい状況が生まれるということだ。

当然ながら、国家は国民を管理するだけでなく、指示も出してくる。そのような社会が極まれば、国民がどうなっていくかは、1949年にイギリスの作家ジョージ・オーウェルが、小説『1984年』で予言した通りであろう。

習近平主席という「ビッグブラザー」に抱かれた14億中国人民。「戦争は平和なり、自由は隷従なり、無知は力なり」と説く真理省が、中国共産党にあたる。

ビッグブラザーの「党中枢委員」は黒い制服を着ているが、8944万中国共産党員は

「紅い帽子をかぶる」（習主席の教えに従順になる）ことが奨励される。中国でも２０１７年10月8日から、10億人以上が日々、利用しているＷｅＣｈａｔで、自由な発言が事実上、禁止された。

もしもビッグブラザーに逆らうと、「ただ人の姿が消えるだけ。登録簿から名前が削除され、その人間がそれまで行ったことすべての記録が抹消される」。習近平政権も、２０１７年10月に開いた第19回中国共産党大会までの5年で、１５３万７０００人もの幹部を葬り去ったことを、党大会で自負した。

こうした社会で暮らしていると、「自分を表現する能力を失ってしまうばかりでなく、元々言いたかったことが何であったかさえ忘れてしまう」と、オーウェルは記している。

近未来の中国社会が、『１９８４年』のようになってしまうのか、それとも庶民の「消費革命パワー」が逆に政府を主導していく社会になっていくのか、見定めたいところだ。

2024年

年間1200万人離婚時代がやってくる

純粋な愛情の問題から財テク目的まで、中国ではさまざまな形の離婚が横行している。このハイペースが続けば2024年には600万組ものカップルが破綻し……。

キーワード

中《チヨン》国《グオ》式《シー》離《リー》婚《フン》

華燭の離婚式

私が北京で暮らしていた2010年のクリスマス・シーズンに、一本の中国映画が、空前の大ヒットを飛ばした。当代きっての人気監督、馮小剛《フェンシアオガン》の恋愛映画『非誠勿擾《フェイチエンウーラオ》2』（『本気でないなら構わないで・パート2』）である。

このシリーズの前作で2008年に公開された『非誠勿擾』は、北海道を舞台にした恋愛物語で、中国で北海道旅行ブームの火付け役となった。こうした現象を受けて胡錦濤政権は、続編の舞台はぜひとも中国国内にするよう馮監督に要請。「中国のハワイ」こと海南島・三亜《さんあ》を舞台にした続編が作られたのだった。

『非誠勿擾2』は、豪華絢爛な「離婚式」のシーンから始まる。中国を代表する人気男優で、映画の主人公を演じる葛優《かつゆう》が、大金持ちの友人夫婦、李香山《リーシアンシャン》と芒果《マングオ》の離婚式の「仲人」を務める。北京郊外の広大な別荘の中庭に集まった大勢の客たちを前に、葛優が宣言する。

「芒果さんと李香山君の離婚式を始めます。どうぞ『旧人《ジウレン》』のお二人、ご入場ください！」

オーケストラが生演奏する中、礼服姿の香山と、喪服のような黒色の礼服を着た芒果が、それぞれ別々に入場する。「仲人」の葛優が続ける。

映画「非誠勿擾２」のワンシーン

「今日われわれは、皆で証人となります。われわれの共通の友人、芒果と香山は、これまでの5年間の結婚生活に終止符を打ちます。これからは、夫婦ではなく『熟人《シュウレン》』（よく知っている知人）となるのです。ご両人は、このカネの前で宣誓してください。今日のことは、誠実信頼と沈思熟考のもとに、義理を欠くことなく行った行為であると。

芒果さん、香山君はこれほど金持ちで、これほど健康で、これほどあなたを愛しているのに、あなたは彼と生活を共にすることを望まないのですか？」

芒果はきっぱりと、「望みません」と答える。

「香山君、芒果さんはこんなに美しく、こんなに人々を魅了し、こんなにもあなたを愛しているにもかかわらず、あなたは彼女と一緒にやっていくことを望まないのですか？」

今度は香山が、100元の赤い札束の上に手のひらを当てて、「望みません」と答える。

「それではご両人は、結婚指輪を外してください」

両側に立つ二人が、結婚指輪を互いの左手薬指から外して、葛優が持つ箱の中に入れた。

「それでは最後のキスを、二人でしてもらいましょうか？」

会場から、「やれ、やれ！」という歓声が上がる。

「それは必要ないわ」

「なら別にやらなくていいよ」

葛優は戸惑い気味に、「そうですか。二人がともに不要だと言っているので省略。それでは、これをご両人で、ハサミで切ってください」

葛優は、「囍」の字をかたどった紅字の切り絵を掲げた。二人はそれを中央からハサミで切って、「喜」と「喜」に分け、火をつけて燃やした。

「では、『熟人』の証として、二人で握手し、抱きしめ合ってください」

二人が躊躇していると、葛優が二人の背中を押して、ようやくぎこちなく抱擁した。

その後、「離婚しても良き友達」と書かれた「離婚ケーキ」に二人でナイフを入れ、二人でシャンパンタワーにシャンパンを注いだ。最後はハトが飛び立ち、「離婚しても良き友達」と書かれた巻紙を風船に乗せて、立食パーティに移っていった……。

「別れ」から生まれる「出会い」

長々と「離婚式」の様子を紹介したのは、日本では見られない儀式だからである。

私はこの映画が公開された直後、葛優氏にお目にかかる機会があったので、「あの冒頭の離婚式のシーンは、現実にあのようなことがあるのですか?」と尋ねてみた。すると葛優は、真顔で答えた。

「あるとも。あれは現実の中国社会を描いたものだよ。中国社会はどんどん複雑なものになっていく」

実際、この映画が公開されて以降、中国で「離婚式ブーム」が巻き起こった。この映画は「離婚をあおった」という非難もあったが、「暗いイメージだった離婚を、明るいイメージに変えた」として、多くの中国人は肯定的に捉えたのである。

その後、私も一度だけ、北京で友人の「離婚式」に出席した。映画ほど派手なものではなかったが、内容は大同小異で、北京のあるオシャレなレストランを貸し切りにして行われた。

「離婚式」に出て分かったのは、そこがまた、独身男女たちの新たな出会いの場になっていることである。参加者たちは、離婚する夫婦の新たな人生を祝福しに来ていながら、同時に自分にも、会場にいい相手がいないか物色しているのである。

その日の主役である新婦ならぬ「旧婦」から、「私の離婚式はどう？」と聞かれたので、正直にそのように答えた。そうしたら彼女は破顔一笑して述べた。「実は私も、次の相手を探したくて今日の会を開いたのよ」。中国人は何ともたくましいと感じた瞬間だった。

世界最大の離婚大国

日中を比較すると、離婚に対する拒否感というのは、中国の方がはるかに少ない。

中国社会で離婚問題が真剣に論じられるようになったのは、２００４年にテレビドラマ『中国式離婚』が大ヒットしてからである。

外科医の夫と小学校教師の妻が繰り広げる23話シリーズのドロ沼の離婚劇で、私も当時、夢中になって見たものだ。どこにでもいそうな夫婦に巻き起こる風雲を、美しい映像美と細やかな心理描写で描いた名作だった。

このドラマによって、「中国式離婚」が流行語となった。以後、離婚ドラマが次々に放映され、いつしか中国人の離婚に対するマイナスイメージも払拭されていった。

中国民政部が発行している『２０１６年社会サービス発展統計公報』によれば、２０１

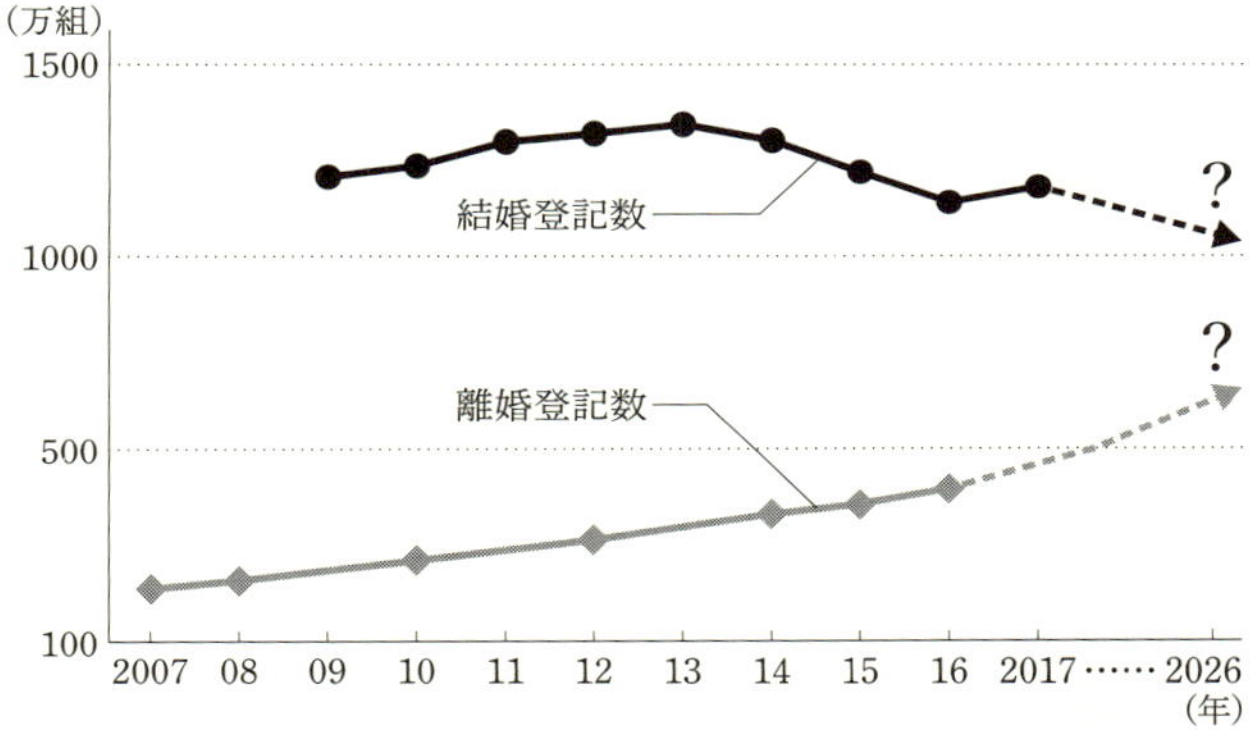

中国の結婚登記数と離婚登記数の推移（出典：民政部の資料をもとに編集部で作成）
結婚登記数のピークは2013年で、以降3年連続で下降している。一方、離婚登記数は過去10年連続で上昇の一途を辿っている

6年の結婚登記数は1142万8000組で、前年比6・7％減だった。

これに対して、離婚のほうは過去10年で増加の一途を辿っているのだ。2007年には209万9000組だったが、2016年には415万8000組と倍増した。その間、平均すると、毎年22万9000組ずつ増加していることになる。このペースで進めば、2020年に500万組を突破し、2024年には600万組近くに達する。

600万組と言えば、1200万人である。東京都の人口に近い中国人が、たった1年の間に離婚していく計算になる。中国は、まさに世界最大の離婚大国なのだ。

なお、厚生労働省の人口動態統計によれば、2016年の日本の離婚者数は、21万7

000組である。つまり、中国の離婚カップルは日本の19・2倍！　これは人口比率の約11倍を上回っており、中国は日本をはるかに凌ぐ離婚大国であることが分かる。

ちなみに、2016年の離婚率が高い都市のベスト5は、北京39・0％、上海38・0％、深圳36・2％、広州35・0％、アモイ34・9％の順だった。どの都市も年々、上昇傾向にあるので、北京と上海は、2018年には離婚率が4割を突破する可能性が高い。

「離婚率4割」という数字は、私の北京と上海の友人知人を思い浮かべての印象と、ピタリ一致している。「半分はいかないけど、それに近いくらいかな」というのが肌感覚だからだ。

「女性主導型」が多い

ここからは個人的見解になるが、日本人の離婚と較べて、中国人の離婚には、いくつかの特徴がある。

何と言っても最大の違いは、女性の側から離婚を切り出すケースが多いことである。

私の北京の友人で、30代にしてある文化産業の会社の副社長に上り詰めたキャリア・ウーマンがいた。仮にAさんとしておこう。200人以上の部下を抱え、土日もないほどの忙しさだ。Aさんの夫は同郷の出身で編集者。二人には一人娘がいた。

Aさん一家は、北京の東の郊外に広い新築マンションを買った。だが、あろうことかA

さんは、マンションのセールスマンだった年下のイケメンに「一見《イージエン》鐘情《ジョンチン》」（一目惚れ）してしまったのである。

　そのセールスマンも既婚者で、幼い息子がいたが、そこからは一直線に、Ａさんが口説き落とした。そしてドロ沼のＷ不倫の末に、両家庭とも離婚に至ったのである。結局、両家庭の子供とも、Ａさんが引き取ることになった。

　Ａさんがある晩、ほろ酔い加減で私に語った言葉が印象的だった。

「結局、両家庭に対して、私が多額の慰謝料を支払うことで決着したの。結婚は愛情の問題だけど、離婚はカネの問題なのよ」

　すでに述べたように、２０１１年8月に婚姻法の解釈が変更された。それまでは、離婚時には夫婦の財産は半々に分けるのが原則だったが、それ以後は「結婚するまでの互いの財産」は、それぞれに戻ることになった。そのため富裕層にとっては、たとえ離婚しても、結婚前の自分の財産が脅かされる心配はなくなったわけである。

　だがＡさんのように、自分に責任があって、一刻も早く離婚したい場合には、相手に慰謝料を支払うことで合意に至る場合もある。

　Ａさんのケースのような女性主導型が、「中国式離婚」の典型である。それは女性も社会人として、完全に独立しているからこそ為せるわざだ。

中国には、日本のような「専業主婦」という「職業」がない。「専業主婦」は、いくつかある「中国語に直訳できない日本語」の一つである。

「建国の父」毛沢東元主席は１９５５年、「女性は天の半分を支えている」（婦《フー》女《ニュイ》能《ナン》頂《ディン》半《バン》辺《ビエン》天《ティエン》）をスローガンに、男女平等を唱えた。その当時は、女性の潜在的な労働力を活用して国の生産力をアップさせたいという思惑があったのだろうが、ともかく社会主義国の中国において、男女平等が実践されるようになった。

中国では現在でも、女性が家庭にいるのは、出産の前後１ヵ月ずつくらいと、病気やケガをした時だけである。バスやタクシーの女性運転手は多いし、戦闘機の女性パイロットもいる。中国中央テレビで、戦地からレポートするジャーナリストも、なぜか女性が多い。オリンピックなどの表彰台でも、女性が目立っている。２０１６年のリオ五輪で中国は70枚のメダルを獲得したが、うち40枚は女子だった。

私が北京で駐在員をしていた時も、取引先の会社の社長や幹部が女性というケースは、ごく普通にあった。中国人夫婦で、妻の給料のほうが夫より高いというケースもザラだったし、職場結婚して同じ会社で妻のほうが夫より地位が高いケースもあった。

そのような社会環境なので、女性の側に、新たに好きな男性ができれば、夫や子供を見捨てて迷わず突き進んでいくのである。もちろん、それは男性の側も同様であるが。

理由なき決断

「中国式離婚」の特徴の二つめは、ある日突然、離婚に至るケースが多いことである。

私が北京駐在員時代に、親しくしていた年若い中国人カップルがいた。夫は教師で、妻は外資系企業幹部である。美男美女で、二人とも一流大学の大学院を出て、結婚後の2016年には、可愛い女の子にも恵まれた。

だが、2018年の正月の挨拶を、夫妻それぞれにWeChatで送ったところ、ほどなく両者から別個に、「最近、離婚しました」と、仰天の返事が届いたのだった。

その日の晩、心配になって両者に電話をかけたら、それぞれこう述べた。

夫「ある日突然、妻から『離婚したい』と言われた。とても驚いたが、確かにこの先、年老いるまで彼女と夫婦でいることを考えると、自分としても自信が持てなかった。それで彼女が娘を引き取るという条件で同意した」

妻「特に何か決定的な原因があったわけではないが、少しずつ夫のことを愛せなくなっていった。両親に相談したら、『嫌なら戻ってきなさい』と言われた。それで、やり直すなら早い方がよいと判断して、夫に告げた」

前年まで、真ん中に嬰児《えいじ》を置いて、一皿の料理を二人で仲睦まじく分け合って食べていたのに、私には理解不能だった。だが年若い友人で同様のケースが、過去1年のうちに、北京でもう一組と、上海でも一組、計3組もあったのだ。

3組に共通しているのは、夫婦どちらかの浮気とか借金、失業、暴力などが離婚の原因ではないことだった。3組とも夫婦共働きで、幼い子供がいるのに、突如として離婚に至ったのだ。

よくよく考えてみると、3組6人に共通していることがあった。それは、6人とも「一人っ子世代」であることだ。しかも両親とも健在で、同じ市内に住んでいたため、いつでも実家に戻ることができたのだ。

これまで何度か言及してきたように、一人っ子世代は「小皇帝」「小公主」と呼ばれ、「6人の親」にたっぷり甘やかされて育っている。家庭内での人間関係から食事まで、すべてが自分中心でわがままに育つ。そのため、基本的に我慢することが苦手なのである。

何か嫌なことがあると、自分中心で幸せだった結婚前の日々が懐かしくなる。しかも自分が育った家庭は、いまも目と鼻の先に変わらず存在している。それでいとも容易に、離婚を選択してしまうというわけだ。

一人っ子世代はまた、勤務先の会社も、仕事上で嫌な目に遭ったりすると、すぐに辞めてしまう傾向がある。「この会社では自分の『発展的空間』が少ない」という言葉が、彼らの捨てゼリフだ。

地縁よりもカネの縁

こうしたことに加えて、私は、中国人の離婚がこれだけ増加している原因には、極端な拝金主義があるように思えてならない。チベット族やウイグル族などの少数民族を除いて、中国人には宗教がない。あえて言うなら、「カネ教徒」であり、配偶者よりもカネを重視する傾向があるのだ。

中には、将来の離婚時の財産分与について、両者で合意してから結婚する若者たちもいる。北京駐在員時代に取引先の中国の広告会社女性社員から、「私、彼氏と結婚するんです」と告白された。「それはおめでとう」と言ったら、「実は日本人の近藤さんに折り入って……」と相談されたのが、「結婚前の離婚時の財産分与問題」だった。先進国の日本では、さぞかし進んだシステムが確立しているのだろうと、彼女は思ったようだった。

私は、「ハリウッド映画でそのようなシーンを見たことがあるけど、日本では聞いたことがない」と、正直に答えた。すると、今度は彼女の方が目を丸くして、「日本人は自分のお金を大事だと思わないのですか？」と聞き返してきた。

結局、彼女は、こっそり北京郊外に買っていた投資用マンションの件も、株式投資の件も、親戚に預けていた隠し財産の件もすべて内緒のまま、「離婚時には両者の財産を等分割する」と契約して、彼氏と結婚した。その後、彼女とは会っていないが、1年余りの別居生活の末に離婚したと、風の便りに聞いた。

中国の一人っ子世代を見ていると、友人関係も、それより前の世代に較べて希薄な気がする。多くがスマホを通じて繋がっている関係で、深い絆《きずな》のようなものは感じられない。

同郷出身者同士というのは、言葉や習慣が同じという意味で、異郷の人たちよりは繋がりやすいが、日本ほど「同郷の誼《よしみ》」は強くない。そもそも中国の地域社会では、日本の町内会のような活動がないし、夏祭りのような地域のイベントもない。居民委員会という組織が一応あるが、これはどちらかと言えば住民を「見張る」組織である（憲法第111条規定）。許可なく外国人を宿泊させたりすれば、ここに通報される。

つまり中国社会は観念的に、家族の外にいきなり国家が来るのである。中国人の愛国心が強いのは、まさにこのためだ。

それでは家族はどうかと言えば、前述したように、大都市の離婚率は4割近くに達するため、特に一人っ子世代では、夫婦間でも安心できない。

そもそも中国では、結婚しても妻の姓は変わらない。「寿退職《ことぶきたいしょく》」のような言葉もないので、そのまま職場で働き続ける。そして相変わらず、最も重要なのはカネだと考える――。

中国人の夫婦と接していると、夫と妻が経済的にも精神的にも互いに独立し、対等の関係であることを痛感する。これは互いを高め合えるという意味で羨ましくもあるが、凹凸の関係にはなっていないので、安定感に乏しい気がする。

ともあれ、何よりもカネを大事にする中国人のＤＮＡと、「一人っ子世代」の自己中心的な世界観が重なって、今後とも中国の離婚率が上昇していくのは確実だ。

偽装離婚でもう1軒！

おしまいに、最近の中国で社会問題になっている話をしよう。それは「マンション離婚」である。

２０１１年2月、中国で初めての「マンション購入制限令」(限購令《シエンゴウリン》)が、北京で発令された。当時、北京に住んでいた私は、仰天した覚えがある。北京市民(戸籍保有者)の３軒目の購入を禁止したり、非戸籍保有者は納税状況によって1軒か0軒(購入禁止)に制限したりしたからだ。不動産バブルの熱を冷ます目的で出した措置だったが、中国が戸籍保有者と非戸籍保有者を差別する「アパルトヘイト国家」だということを、実感させられたのだった。

その後、「マンション購入制限令」は、各都市で強化されていった。２０１６年秋には、ついに大都市では「各家庭1軒だけ」に制限された。つまりマンションは投資や投機の対象ではなくて、自分が住むための住宅だということを明確にしたのだ。

だがそこは、「上に政策あれば下に対策あり」（上有政策下有対策《シャンヨウジェンツーシアヨウドゥイツー》）と言われる中国である。「各家庭1軒」ならば、夫婦が離婚して「二つの家庭」になれば、2軒買えるではないかという理屈で、「マンション離婚」がブームになったのである。

ある北京の弁護士事務所は、次のような宣伝広告を出した。

〈マンション購入や節税なら、当事務所にご相談ください。例えばある既婚のマンション保有者で、弟夫婦に1軒譲渡したいという奥様のご要望には、こんな方法で解決しました。①夫と離婚し、自宅を夫だけの名義にする。②弟夫婦も離婚する。③元夫と元弟の妻を結婚させ、マンションに元弟の妻の名義を加える。④元夫と元弟の妻が離婚する、⑤夫と元夫の妻、弟と元弟の妻がそれぞれ復縁し、マンションに弟の名義を加える。

この5回の手続きによって、かかった費用は、市役所への手数料9元（約１５０円）×5回で、たったの45元（約７６５円）。それだけでマンションをご希望通り譲渡し、かつ各種の税金を計87万元（約１４８０万円）も節約できたのです〉

何だか、ものすごいことになっているのである。

だが、こうした突然の離婚ラッシュに、早朝から市民たちが市役所に長蛇の列をなしたため、市役所の側も対応不能に陥ってしまった。そこで北京市は、「1日の離婚処理件数を1000組までとする」と、新たな規約を設けたのだった。2016年11月に上海を訪れた時には、市内の静安区役所を覗いてみたら、「離婚届は1日50組しか受けつけません」と張り紙が出ていた。

いずれにしても、こうした「マンション離婚」も加わって、中国は2024年に、「1200万人離婚時代」を迎える。そしてその数年後には、世界で初めて年間の離婚件数が結婚件数を上回る国になるかもしれない。

そんな時代が到来したら、彼らの子供は、いったいどのように育つのだろうか?

2025年

「中国製造2025」は労働力減少を補えるか

「世界一の科学技術強国の実現」という野望を実現させるべく、人工知能（AI）・量子科学・自動運転車・次世代通信ほか、あらゆる分野で凄まじい投資と開発競争が行われている。

キーワード

双創《シユアンチユアン》

中国がこれから傾注する産業分野

圧倒的な存在感の「第5代皇帝」習近平国家主席（共産党総書記、中央軍事委員会主席）の陰に隠れて、何かと存在感が薄いのが、ナンバー2の李克強《りこくきよう》首相だ。だが年に一度だけ、中国内外の注目を集め、「主役」を張る日がある。それは、毎年の3月5日だ。

この日は、全国人民代表大会の初日で、李克強首相は午前9時から、北京の人民大会堂に集まった約3000人の代表委員（国会議員に相当）を前に、「政府活動報告」を行う。報告は、その前年の中国経済の総括、その年の経済目標、重点項目や長期目標などからなり、2時間近いスピーチは、中国中央テレビが全国に生中継する。

その2015年3月5日の「政府活動報告」で、李克強首相は注目すべき発言をした。

「新たなプラン『中国製造2025』を実施する。創新（イノベーション）の駆動を堅持し、知恵をしぼり、基礎を強化し、環境にやさしい発展をし、製造大国から製造強国への転換を加速していくのだ」

それまで誰も聞いたことがない「中国製造2025」なるものをブチ上げたのだった。2015年に発表したので、10年後を意識して「2025」と命名したのである。

「中国製造2025」が具体的に何を意味するのかについて、李克強首相はこの時、次のように説明した。

「工業化と情報化を緊密に融合させ、インターネット化、デジタル化、AI化などの技術を開発、利用し、重要分野で機先を制し、突破していく。先端技術、情報ネット、半導体、新エネルギー、新素材、生物医薬、航空エンジン、燃料タービンなどを重点項目とし、一群の新産業を主導的な産業へと育てていく。

『インターネット・プラス』（インターネットに関連した新産業）の行動計画を制定し、スマホ、クラウド計算、ビッグデータ、IoT（物のインターネット）などと製造業とを結合させていく。インターネット通販、工業用ネット、インターネット金融などを健全に発展させ、ネット企業が国際市場に展開していけるよう導いていく。政府として、400億元（約68

00億円）の新産業創業投資基金を作り、多くの資金援助によって、産業イノベーションに活力を与えていく」

李克強首相は続いて、全国人民代表大会終了後の3月25日に国務院常務会議を招集し、改めて「中国製造2025」を決議。同年5月19日に、国務院が正式に発布した。

その内容は、「5大工程、10大分野」に集約される。

〈5大工程〉 ①製造業イノベーション・センター建設、②AI製造、③工業の基礎力強化、④グリーン製造、⑤最先端機械イノベーション

〈10大分野〉 ①新世代のIT産業、②高度なデジタル機器とロボット、③航空宇宙設備、④海洋工程設備及び先端的な船舶、⑤先進的な軌道交通設備、⑥省力と新エネルギー車（NEV）、⑦電力設備、⑧農機設備、⑨新素材、⑩生物医薬及び高性能医療機器

「労働力不足大国」でもある

2025年に中国が製造強国になれるかは、AI、ロボット、IoTといった製造業の技術革新のスピードが、労働力減少を補えるのかという一点にかかっていると言っても過言ではないだろう。中国は世界一の人口大国だが、今後確実に起こってくる労働力の不足は、いかんともしがたいものがあるからだ。

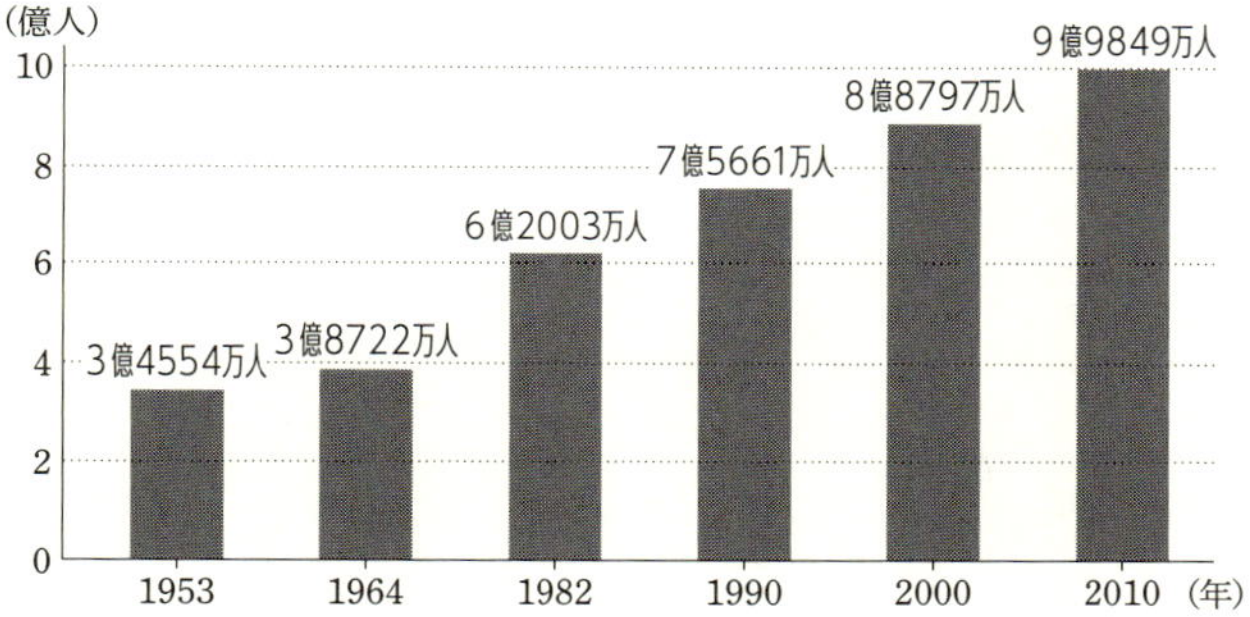

中国の15歳から64歳までの生産年齢人口

中国の15歳から64歳までの生産年齢人口は、1949年の建国以降、順調に右肩上がりで伸びてきた。具体的には、これまでの6回の全国人口調査によれば、3億4554万人（1953年）→3億8722万人（1964年）→6億2003万人（1982年）→7億5661万人（1990年）→8億8797万人（2000年）→9億9849万人（2010年）である。

ほぼ10年ごとの全国人口調査は2010年が最新なので、その後の正確なデータは出ていない。だが、国連の『世界人口予測2015年版』レポートは、中国の生産年齢人口のピークは、2015年前後だったと見積もっている。中国の複数の人口学者たちの共著である『中国人口発展の政策と実施』（経済科学出版社、2017年9月）では、2012年がピークだったとしている。

いずれにしても、中国の生産年齢人口は今後、一直線に減り続けていく。生産年齢人口が下降線を辿るということは、当然ながら製造業の発展にとっては、マイナスに作用する。

中国の製造業の発展にとってもう一つ、致命的とも言える欠点がある。それは、生産年齢人口の中でも、実際に工場でモノを作るブルーカラーの人口が、急激に減りつつあることだ。前述のように、1980年代以降の中国人は、基本的に一人っ子である。チヤホヤされて育った彼らは、工場での単純労働などやりたくない。ひたすらコツコツ働いて貯蓄に励み、生活を向上させようとしてきた親の世代とは、まるで違うのである。その結果、中国の製造業における「用工荒《ヨンゴンホアン》」（人手不足）は、日増しに深刻になる一方だ。

ホワイトカラーよりも厚遇のブルーカラー

「用工荒」に関して、私はいまでも鮮明に覚えている光景がある。北京の駐在員時代に勤めていた日系文化公司のオフィスは、北京駅の真向かいのビルの中にあった。その北京駅の前の広場は毎年、春節（旧正月）の連休明けになると、「人山人海《レンシャンレンハイ》」（黒山の人だかり）で、歩くのもままならないほど混み合っていた。

そこまで混雑するのは、全国に2億8000万人いると言われた「農民工」（出稼ぎ労働者）が、故郷から戻ってくるのを目当てに、「招工《ジャオゴン》」（労働者募集）のプラカードを掲げた、建設会社や工場などの人事担当者たちで埋め尽くされるからだ。

人事担当者たちは、「（月給）４０００元（約６万８０００円）！」「４５００元（約７万６５００円）！」などと声を張り上げながら、平身低頭で「農民工」の前に立ちはだかって、自社に呼び込もうとする。故郷からの重い荷物を抱えた「農民工」たちは、そんな人事担当者たちを値踏みしながら、颯爽《さっそう》と進んでいくのである。中国が「労働者の国」であることを、実感させられるシーンだった。

ちょうどその頃、「白領《バイリン》」（白ネクタイ）と呼ばれる大卒のホワイトカラーと、「農民工」の給料が逆転した。一人っ子たちは、親の期待を一身に背負って大学を卒業する。だがようやく就職しても、初任給は「農民工」にも及ばなくなったのである。

この傾向は、現在でも基本的には変わっていない。２０１７年夏に大学を卒業した「白領」の初任給は、一般職で６０００元（約10万２０００円）程度である。それに対し、２０１８年正月に北京で訪れた、ある大型宿泊施設の23歳のサービス係の女性に聞いたら、給料は８０００元（約13万６０００円）だという。しかも、寮と食事付きとのことだった。

前述のように、中国の人口ピラミッドは、「一人っ子政策」によって、頭でっかちの不自然な形になってしまった。ところがこれに加えて、生産年齢人口も、下層に位置するブルーカラーよりも、上層に位置するホワイトカラーの方が多いという、頭でっかちの構造になってしまったのである。その結果、待遇の逆転現象が起こっているのだ。

日系企業の深刻な悩み

２０１８年1月に深圳を訪れた時、ある大型の日系企業の工場を視察した。その時、日本人の董事長（会長）は、最近の工員たちの特徴について、次のように述べた。

「10年くらい前までは毎日、早朝から、50人、１００人と職を求める若者たちが、工場の門の前にあふれていたものだ。それで当時は、５０００人もの工員を抱えていたが、いまやこちらから必死に募集しないと来てくれないので、３０００人まで減った。慢性的な人手不足で、それはオートメーション化で補っていくしかない。

一昔前までの工員たちは、家賃のかからない寮に暮らして、一日三食、工場で無料の食事をし、必死に故郷に仕送りしていた。しかしいまの若者たちは、逆に親から仕送りをもらっているありさまだ。寮生活も肌に合わないようで、自分でアパートを借りる若者が少なくない。また、以前は少なくとも2年、3年と働いたものだが、いまの若者は、きっちり3ヵ月で辞めていく人が多い。つまり、新しいスマホを買いたいとか、何らかの目的があって、そのために3ヵ月間、我慢して働いているという感じだ」

確かに工場内を見学しても、董事長の言葉が理解できた。約20年前に深圳で大型の日系工場を視察した時は、工員たちの表情が生き生きしていたのを記憶している。次に、約10年前に天津の濱海新区で、やはり日系の大型工場を視察した時には、工員たちは無表情で働いていた。そして2018年の時は、工員たちが男女の別なく、曇った表情をしていて、やる気のなさが滲み出ていた。それはこの工場に問題があるわけではなくて、「一人っ子世代」の特徴なのである。

この時の深圳視察では、日系企業各社の総経理（社長）10人近くに会ったが、誰もが大同小異の話をしていた。

工場労働者がなかなか集まらない。集まらないから、彼らの給料が右肩上がりで上がっていく。するとコストがかかりすぎるから、工場を東南アジアにも作り、「チャイナ＋1」の体制を敷く。

だが、東南アジアは中国と違って、部品の現地調達率が低いから、中国工場から必要な部品を送る。そうすると輸送費がかかって、さらにコストが上がってしまう……。日系企業の悩みは尽きないのである。

中国では、各都市ごとに毎年、最低賃金を発表している。2017年の場合、北京が月額2000元（約3万4000円）、上海が2300元（約3万9100円）、深圳が2130元（約3万6210円）である。だいたいこの2倍が、工場労働者たちの給料の目安となるため、

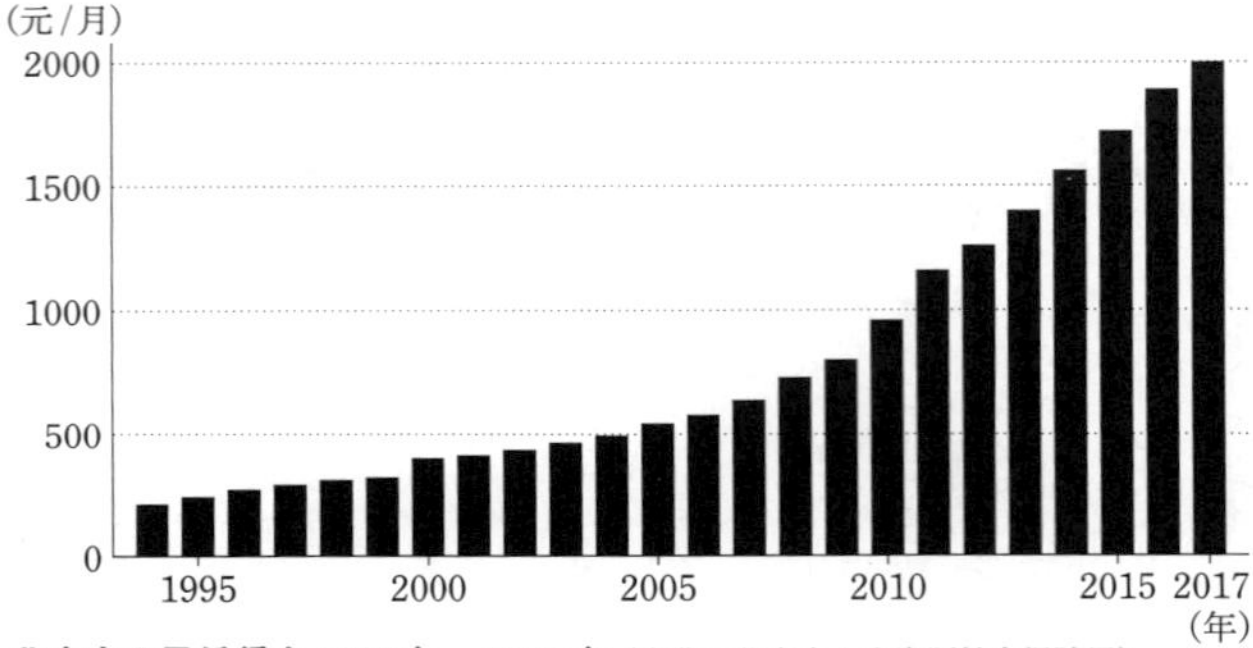

北京市の最低賃金1994年～2017年（出典：北京市人力資源社会保障局）

４０００元から４６００元くらいとなる。日本円で７万円から8万円のイメージだ。

ちなみに、２０１２年の３大都市の最低賃金は、北京が１２６０元（約2万１４２０円）、上海が１４５０元（約2万４６５０円）、深圳が１５００元（約2万５５００円）だった。つまり、５年で１・４倍から１・６倍にハネ上がっている。習近平政権は、「２０１０年に較べて、２０２０年の所得を2倍にする」という公約を掲げているので、毎年10％以上、強制的に最低賃金を上げ続けているのである。

李克強首相の檄

このように、人口ピラミッドと生産年齢人口において、どちらも逆三角形現象が起こっているのが、現在の中国の特徴だ。そんな中で、中国が今後、製造業を発展させていく方法は、つまるところ二つしかない。

一つは、もっと貧しい国から移民を受け入れることによって、労働力をカバーすることだ。だが、もともと人口の少ないヨーロッパの国々と違って、世界最大の人口大国である中国は、海外からの移民の受け入れについては、抵抗感が強い。現在の14億の国民を管理するだけでも精一杯だというのに、さらに外国から移民を受け入れようという意見は、共産党政権の内部からは上がって来ていない。

もう一つの方法は、ロボットやＡＩなど最先端技術を発展させることによって、機械に人間の労働の肩代わりをさせることである。李克強首相が「中国製造２０２５」で目指しているのは、まさにこの方向なのである。

現在、その「実験」が行われているのが、香港に隣接した深圳である。深圳は、１９７０年代までは、人口3万人の漁村にすぎなかったが、鄧小平が改革開放政策の起爆剤にしようと、１９８０年に中国初の経済特区に指定した。それから三十数年を経て、深圳は北京、上海に次ぐ中国第三の経済都市に躍り出た。２０１７年には、ついにＧＤＰで香港と肩を並べた。いまや「アジアのシリコンバレー」「世界最先端の実験都市」などと呼ばれ、製造業とＩＴ産業が融合した新たな中国経済の牽引役を担っている。

この深圳の経済発展を新たな段階に押し上げた立役者の一人が、２０１２年12月から２０１７年10月まで、深圳が属する広東省の党委書記を務めた胡春華《こしゅんか》である。胡春華書記は、習近平主席の前任の胡錦濤前主席が、習近平主席の後継者に据えようとした「革命第6世代」のホープである。同じ「団派《だんぱ》」（中国共産主義青年団出身者）のホープだった李克強首相の弟分にあたり、李首相より8歳、習近平主席より10歳若い。

前述の「中国製造2025」は、李克強―胡春華ラインで進められた。

李克強首相は、「中国製造2025」を全国人民代表大会で発表する2ヵ月前の2015年1月に、深圳を視察している。若者たちが自由に集まって創意工夫し、新商品のアイデアを練っていく「柴火創客空間《チャイフオチユアンクーコンジエン》」という所を訪れ、若手起業家たちを前に熱弁を振るった。

「創意は無限である。わが国の大企業は、市場の要求がどこにあるかを必ずしも見定められていない。だが君たちは、誰も欲しがらないようなものは空想しない。ひたすら市場に向かう君たちの中から、新たな産業が育っていくのだ」

「創業」プラス「創新」

李首相は、2016年10月にも深圳を再訪した。この時は、「全国大衆創業万衆創新活動週」という、自ら音頭を取って2015年10月に第1回を行った、全国の大都市で若者の創業を促すイベントに、「本場」深圳で参加したのだった。

李首相は、テンセント創始者の馬化騰《ばかとう》CEO、アリババ創始者の馬雲会長、DJI（大疆創新）創始者の汪稲《おうとう》ＣＥＯら、80人ほどの中国を代表する起業家たちを前に、再び熱弁を振るった。この時のテーマは、創業プラス創新（イノベーション）を意味する「双創《シュアンチュアン》」だった。

「『双創』は、イノベーションを駆動させる発展戦略の実施において、重要な役割を果たすものだ。『インターネット・プラス』の時代において、創業と創新が結合すれば、強大な『群脳《チュンナオ》』となる。中国の発展の巨大な潜在力が、まさにここにあるのだ。

『双創』は、第一次産業、第二次産業、第三次産業のすべてをカバーし、中小零細企業ばかりか、大企業も『双創』を通して転化発展していける。創造力と地に足を付けた努力によって、起業家精神と匠《たくみ》の精神とを結合させていくのだ」

私は２０１８年1月に深圳を訪問した時、1年3ヵ月前に李克強首相のこのスピーチを眼前で聞いたという大手ＩＴ企業幹部と会った。彼は、李克強発言の意味するところについて、こう解説してくれた。

「李克強は、国務院総理（首相）として、中国のＧＤＰを押し上げる責務を負っている。なぜ中国がＧＤＰの成長にこだわるかと言えば、雇用の創出に直結しているからだ。中国政府は毎年、１０００万人の新規雇用を目標に掲げているが、この目標を達成しないと国が安定しない。

ではどうやって雇用を増やすかと言えば、従来型の国有企業主導の雇用創出は限界に来ており、民営企業が牽引していくしかない。民営企業の中心は、新興のIT産業であり、IT産業がもっとも発展しているのは、ここ深圳だ。だから李克強首相は、北京から2400km近く離れた深圳を2度も視察し、われわれを鼓舞したのだ」

私は、このIT企業幹部に、2点質問した。一つは、李首相の説く「双創」によって起業家の数が増えても、その多くは失敗し、死屍累々となるのではないかということ（2022年の章参照）。もう一つは、自由な創造を旨《むね》とするIT企業にとって、社会主義を標榜する共産党政権は障害にならないかということだ。彼は口元を緩めて答えた。

「まず最初の質問だが、中国政府は新興の企業が市場で淘汰されても構わないと思っている。例えば、深圳では年間約40万社（2016年は前年比28・9％増の38万6704社）が創業している。そのうち、テンセントやDJIのように成功できる会社は、ごくごくわずかにすぎず、残りのほとんどの企業が淘汰されてしまう。

だが、テンセントの現在の従業員数は4万1000人、DJIが1万1000人だ。2社で合わせて5万2000人の雇用を生んでいるのだ。単純に考えれば、1万人に一人が成功して、従業員1万人の企業を創れば、残りの9999人を雇えてしまうということだ。実際には、DJIのドローンを生産するのには大量の部品が必要なので、多くの下請け会社を潤《うるお》すことにもなる。

もう一つの質問、ＩＴ企業と共産党政権との関係だが、中国政府の資金は潤沢で、多種多様な補助や優遇策を実施している。こうしたバックアップ体制は、起業家にとってもっとも切実な問題である起業時の回転資金の助けとなる。かつ深圳市政府は、資金援助したベンチャー企業が失敗しても構わないという立場だ。繰り返しになるが、その中から成功する企業が現れれば、その企業のおかげで税収も潤うからだ。

ただ、成功したＩＴ企業と、政府との関係は微妙だ。李克強首相が深圳に来て、成功したＩＴ起業家たちと懇談した時のこと。李首相が、『今後、政府は君たちに何をしてやればよいか？』と尋ねた。すると、ある著名な起業家が答えて言った。『お願いですから、われわれを放っておいてください。それが一番、政府に望むことです』。その返答に他の起業家たちから拍手喝采となった」

世界最強のＡＩ大国への道を模索

この時の深圳訪問で、中国政府の狙いについて分かったことが3点あった。

第一に、中国政府の立場から見て、「双創」を奨励することによって、短期的には新規雇用の増加を目論んでいるということだ。

前述のように、年間８００万人もの大学生が卒業していく中国社会にあっては、言い方は悪いが、たとえ明日はどうなってもよいから、とりあえず今日の就職先を提供してやることが先決である。そのためには、年間600万社創業していくことが大事なのだ。いわば「究極の自転車操業社会」である。

第二に、急速に減少していくブルーカラー対策としての「双創」である。

これも前述のように、「一人っ子政策」の影響もあって、中国では工場労働者が急速に減少している。そのため、工場のオートメーション化、AI化が急務となっている。そのためにも、才能あふれる多くの中国人に起業してもらい、彼らが生み出す技術によって製造業における省力化を急ぎたいのである。

実際、人類は過去に3度の産業革命を経験しているが、いずれもブルーカラーを減らすのに貢献してきた。18世紀後半にイギリスで起こった産業革命は、蒸気機関によって多くの織機工が不要となった。19世紀末にアメリカやドイツで起こった内燃機関の発達によって、馬車や人力車の馭者たちは不要となった。20世紀後半にアメリカで起こったコンピュータの発明によって、やはり多くの人手を省力化できるようになった。

第三に、これが最も重要なことだが、中国は世界最強のAI大国を目指すという点だ。

これから起こってくる第4次産業革命は、本格的なAI時代の到来であり、世界における影響という意味では、過去3度の産業革命をはるかに上回ることが予想される。AIや

IoTは、ある特定の分野だけでなく、生活のあらゆる領域に浸透していくからだ。

そこで中国は、20世紀には果たせなかった先進国入りの悲願を、21世紀に果たそうとしているのである。それどころか、目指すはアメリカを追い越して世界一の超大国となることなのだ。

そのためには、第4次産業革命の牽引役となることが必須であり、牽引役となるためには、「双創」が欠かせないと考えているのである。特にAI分野での「双創」だ。

巨額投資でAI強国化を目指す

2017年7月8日、李克強首相が主導して、「国務院35号通知」が発布された。タイトルは、「新世代のAI発展計画の通知」。A4のペーパー12枚にわたって、中国が近未来に「AI強国」となるための青写真が示されている。いわば「中国製造2025」のAI版だ。

この通知は、以下のような書き出しで始まる。

〈AIの急速な発展は、人類の社会生活と世界を根本から変える。AI発展の重要な戦略のチャンスを摑《つか》むため、わが国のAI発展が機先を制するような体制を構築するのだ。そして創新型の国家を速やかに建設し、世界の科学技術強国となるため、共産党中央委員会と国務院の部署の要求に照らして、本計画を制定する〉

このペーパーによれば、第一段階として2020年までに、AIの総合的な技術と応用力で先進国の水準に達し、AI産業を経済成長の新たな要とする。第二段階として2025年までに、AI理論の基礎理論で群を抜き、部分的な技術と応用力で世界のトップクラス入りする。そして、第三段階として2030年までに、AI分野の主要なイノベーション・センターになるというものだ。

AIを活用する分野は、教育、医療、健康、政務、司法、都市計画、交通、環境保護など多岐にわたるとしている。人口高齢化の問題も、製造業の問題も、AIの発展によってカバーするという。

まことに「鬼気迫る」中国政府の力の入れようである。AI分野で世界のトップを走ることで、あらゆる経済的な問題を解決する突破口にしていこうというのだ。

実際、アメリカの調査会社CBインサイツが、2018年2月に発表した「2018年注目すべきAIトレンド」によれば、2017年のAI分野での資金調達額で、中国は世界全体の48％を占め、アメリカの38％を抜いて、初めてトップに立った。中国は前年の2016年は、全体のわずか11・3％に過ぎなかったのだ。

アメリカのシリコンバレーのような「完全な自由」はなくても、政府からの「潤沢な資金」を武器に、AI分野でアメリカを追い越そうとしているのである。

量子科学・自動運転車・次世代通信……

中国のＩＴ産業の中でも、牽引役となっているのは、「ＢＡＴ」と呼ばれるビッグ3、すなわちバイドゥ、アリババ、テンセントの3社である。

アリババは、２０１７年3月9日、杭州本部で第1回技術大会を開催。今後20年で、世界2万人以上の科学者や技術者を動員して、世界20億人に向けた新たな経済の動力となる核心の科学技術を開発していく「ＮＡＳＡ計画」を発表した。アメリカ航空宇宙局（ＮＡＳＡ）の頭文字を借用して、アメリカへの対抗意識を見せたのだ。その第1弾として、同年10月11日、国務院傘下の中国科学院と提携して、量子計算のクラウド・プラットフォームを立ち上げると宣言した。

量子科学に関しては、２０１６年8月16日に発射し、２０１７年1月18日に軌道に乗った量子科学実験衛星「墨子号」が、１０００km離れた地点で光子をやりとりする実験に、世界で初めて成功。これによって次世代の量子暗号技術、及び量子コンピュータ分野で、中国が先駆者となった。中国科学技術部はこの実験の成功を、「２０１７年中国科学10大進展」のトップに選んだ。

一方、バイドゥは、２０１７年7月、ＡＩと自動運転を融合させる「アポロ・プラットフォーム

フォーム」を立ち上げた。こちらも、前世紀に有人月面着陸に成功したアメリカのアポロ計画にちなんだネーミングだ。多くの企業と協力して、2020年12月までに、世界に先がけて完全な自動運転車を完成させるという。実際、2018年4月、5月に開催された「北京モーターショー」では、「アポロ・プラットフォーム」が最大の話題となった。

テンセントは、いまや10億人を超える中国人が日常に使用しているWeChatにAIを搭載し、その中ですべての消費生活が完結するシステムの構築を目指している。WeChatが、スマホを使った電子決済によって、中国人の「財布」の役割まで担うようになってきているのは、前述の通りだ。

他にも、次世代のスマホなどに使われる5G技術に関しても、中国はアメリカを追い越そうと躍起になっている。5Gは現在の4Gの100倍のスピードを誇り、5年後の2023年には、世界で10億人が5Gスマホを使用していると予測されるからだ。

中国最大の国有電信会社、チャイナ・モバイル（中国移動）は、2018年に5都市で、100ヵ所を超える5Gの基点を設置し、2019年から商業化を始める。そして中国最大の携帯電話メーカーにのし上がったファーウェイ（華為）は、5G技術を駆使したスマホで、一気にアップルとサムスンを抜き去ろうとしているのだ。2018年春に米トランプ政権が中国に「貿易戦争」を仕掛けた背景には、こうした次世代の先端技術をめぐる米中の覇権争いの側面があったのである。

２０１８年3月に開かれた全国人民代表大会は、国家主席の任期を撤廃した憲法改正などで「習近平独裁体制の強化」ばかりが報道されたが、その裏で、こうした科学技術に関する論議が、百花繚乱となった。

たとえば、21世紀にどうやってＩＴ技術を駆使して月、火星、宇宙空間を支配するかといったことまで話し合われた。実際、月に関しては同年5月21日、中継衛生「鵲橋《チュエチアオ》」を発射。続けて同年後半に発射する月面探査機「嫦娥《チャンウー》4号」と合わせて、人類未踏の月の裏側を中国が確保しようという狙いである。

中国の「ＩＴ社会主義」の成否は、もしかしたら21世紀前半の人類を左右する最大のテーマになるかもしれない。

2035年

総人口が減少しインドの脅威にさらされる

「日本を完全に追い抜いた」と確信した中国は、次なる仮想敵国を東から西へ、すなわちインドに定めつつある。労働力人口では今後インドが優勢に立つ。はたして中国はどう出る？

キーワード

竜象打仗《ロン シアン ダー ジャン》

紀元前から人口調査を行ってきた国

中国では古代から、国が平和で発展している時には人口が増加し、戦乱の世になると減少するということが、繰り返されてきた。そのため、前述のように歴代のどの政権も、人口増を目指してきた。

人口増をもたらすには、一夫一婦制にして、早婚を促すのがよいという点でも、中国古代のどの政権も一致していた。春秋時代の「五覇王」の一人、斉《せい》の桓公《かんこう》（在位紀元前685年〜紀元前643年）は、「男子は20歳、女子は15歳になったら結婚しなければならない」というお触れを出し、多産の女性には褒美を与えた。呉越同舟の故事で有名な越《えつ》王の勾践《こうせん》（在位紀元前496年〜紀元前465年）も、「男子は20歳、女子は17歳になって結婚しなければ、その父母を処罰する」と定めた。

中国の歴代政権はまた、非常に手間がかかる人口調査にも熱心だった。人口統計は、農民からの年貢を徴収し、男子を徴兵するために欠かせないものだったのである。古代の中国で、漢字と人名が全国津々浦々まで普及したのも、同様の理由によるという説が有力だ。

中国で初めて人口統計の記述が見られるのは、前書きでも述べたように、周（東周）の時代の西晋で書かれた『帝王世紀』である。東周荘王13年（紀元前684年）から人口調査を始め、「料民は1184万7000人」と記載されている。

「料民」とは「調査した人口」の意味だ。清代までの人口調査は、最大で半数くらいの誤差があった（真の人口の半数程度しか数え切れていなかった）と、現在の中国の一部人口学者は推測している。だがそれでも、中国が2700年も昔から、世界一の人口大国だったことは間違いない。

漢帝国の時代に入ると、「平帝元始二年（西暦2年）の人口は5959万4978人だった」との記載がある（『漢書・地理志』）。漢帝国の統一から200年の安定期が続き、人口は約6000万人まで増えたのだ。

興味深いのは唐代である。『旧唐書《くとうじょ》・玄宗紀』によれば、天宝13年（754年）の全国の人口は、５２８８万４８８人だった。だが７５５年に、いわゆる安史の乱が起こり、かの楊《よう》貴妃《きひ》を溺愛《できあい》した玄宗皇帝も長安の都から逃げて、戦乱の世になった。乱を平定後の７６４年にあらためて人口調査をすると、何と１７００万人にも満たなかったというのだ。わずか10年で、人口が約3分の１に激減してしまったのである。

中国の戦乱が、いかに無慈悲で残酷なものかが想像できる。19世紀後半の太平天国の乱の後なども同様で、中国大陸の歴史においては、たびたびこのような戦乱による人口激減期がある。ちなみに避難民の一部、特に舟を持てる富裕層は、日本にも落ち延びたため、古代から中国で大規模な戦乱が起こるたびに、日本の人口は増えた。

逆に、中国大陸で人口爆発が起こった時期もある。例えば、清朝が栄華を極めた乾隆帝《けんりゅうてい》の時代である。『東華続録・乾隆』の記載によれば、乾隆6年（１７４１年）の人口調査では、総人口は1億４３１７万１５５９人だった。それが21年後の乾隆27年（１７６２年）の人口調査では、2億47万２４６１人となり、中国史上初めて2億人を突破している。

さらに、それから28年後の乾隆55年（１７９０年）の人口調査では、総人口は3億１４８万７１１５人となり、初めて3億人を超えた。その後、道光14年（１８３４年）の人口調査で4億１００万８５７４人となり、4億人を突破した（『清宣宗実録』）。清朝を通しても、中国は変わらず世界一の人口大国であり続けたのだ。

中華人民共和国建国後の人口推移

中華人民共和国が建国された1949年の直前の人口は、5億4167万人だった。たびたび前述したように、中国は建国後から現在まで、計6回の全国人口調査を行っている。その結果、中国政府が発表する「総人口」には2種類ある。一つは香港・マカオ・台湾を含めた人口で、もう一つは含めていない人口だ。

より中国の現実に即して述べるため、本書では後者の統計を使っている。それによると、1953年の第1回調査の総人口は、5億7420万5940人。1964年の第2回調査では、6億9458万1759人。1982年の第3回では、10億8176万5288人と、初めて10億人を突破した。

1990年からは、西暦で末尾ゼロの年に調査することにした。その第4回調査では、11億3368万2501人。2000年の第5回調査では、12億6583万人。2010年の第6回調査では、13億3972万4852人である。

このように、中華人民共和国が建国されてからは、1966年から10年続いた文化大革命の時期も含めて、おおむね人口は、右肩上がりに増えてきた。1980年代からは「一人っ子政策」に転じたが、それでも総人口は増え続けた。「人口は安定期に増加し、混乱期に減少する」という中国史の伝統の通りである。

中国総人口のピークは２０３５年？

それでは、中国の人口はこの先、どのように推移していくのか？

国連経済社会理事会が２０１７年６月に発表した『世界人口予測２０１７年版』によれば、中国の人口のピークは、２０２９年の14億４１５７万人と予測している。その後は減少していき、翌年の２０３０年には、14億４１１８万人になる。そして２０５０年には、13億６４４５万人に後退してしまう。ピーク時より７７１２万人も少ない数だ。

中国の人口学者たちが、中国の人口のピークと見ているのは、おおむね２０３５年である。西安交通大学の王徳鑫《おうとくしん》教授は、「２０３５年に約15億５０００万人となりピークを迎える」と予測している。また、内江師範学院の蔣超《しょうちょう》教授も、「２０３５年の15億７０００万人がピーク」との見解だ。

一方、北京大学の孫明哲《そんめいてつ》教授のように、「２０２６年に15億２２００万人でピークを迎え、その後緩やかに下降していく」と主張する人口学者もいる。習近平政権が始めた「二人っ子政策」に対して、極めて悲観的に見ているということだ。ただ、孫教授の論文を精読すると、「出生率がもし２・３まで上昇したなら、人口のピークは２０３５年から２０３

6年になる」と述べている。

いずれにしても、ほぼ確実に言えるのは、2035年前後を境にして、中国4000年の歴史上初めて、戦乱や混乱がない時代においても(この先、中国に戦乱や混乱がないと仮定してのことだが)、人口が減少していくということである。

中国より先に少子高齢化時代に突入した日本では、すでに2005年から、人口減少社会に突入している。同年12月に総務省が発表した「日本の人口が前年比2万人減」というニュースは当時、衝撃をもって伝えられたものだ。だがいまや、毎年恒例となった「人口減少発表」にも、日本人は驚かなくなった。ちなみに2018年4月13日に総務省は、前年10月1日現在の総人口が1年前に較べて22万7000人減少し、1億2670万6000人になったと発表している。

隣国インドが世界一に

具体的には次章で述べるが、中国も日本に遅れること約30年で、超高齢社会に突入していくことになる。

こうした中、中国は近未来に、「世界一の人口大国」という、古代以来の揺るぎない地位からも、転落する運命にある。前述の『世界人口予測2017年版』によれば、「2024

年にインドの人口が中国を超えて世界一になる」との見通しが示されているのだ。いまからわずか6年後のことだ。

同レポートによれば、インドの人口は、2017年現在13億3918万人で、中国よりも7033万人少ない。だが2030年になると、15億1298万人となり、逆に中国よりも7180万人多くなる。さらに2050年になると、インドの人口は16億5897万人に膨れ上がり、中国より約3億人（2億9452万人）も多くなるのだ。しかも、2030年代から中国の人口は下降曲線をたどっていくが、インドは毎年平均449万人ずつ増え続けていく（2045年から2050年の予測平均値）。

そして2100年になると、中国の人口は10億2066万人と、なんとか10億人ラインをキープしている水準だ。これに対し、インドの人口は15億1659万人となり、中国の1・5倍の規模を誇ることになる。

巨象が昇り、巨竜が沈む

さらに興味深いのは、2017年現在における中国とインドの年齢別の人口比率である。0歳から14歳までの子供の比率が、中国は全体の18％であるのに対し、インドは28％。15歳から24歳までの若年層が、中国は12％でインドは18％。25歳から59歳までの働き盛りの年齢層が、中国は54％でインドは45％。そして60歳以上の退職年齢層が、中国は16％でインドは9％である。つまりインドは、2024年に中国を総人口で追い越した後も、若い国民が中心のエネルギーが満ちあふれた社会が続くということだ。それに対し中国は、急速に少子高齢化の道を進んで行く。186～187ページの人口ピラミッドが示すように「昇る巨象」と「沈む巨竜」の対照的な構図である。

実際、最近インドに出張した中国人ビジネスマンたちに話を聞いたことがあるが、一様に「30年前の中国のようで懐かしかった」という感想を漏らしていた。この感想はまさに、改革開放後の中国を訪問した日本人が漏らしていた感想と同じだ。

アジアで最初に夏季オリンピックを開催した都市は、1964年の東京だったが、北京は東京に遅れること44年、2008年に開催した。冬季の方は1972年に札幌オリンピックが行われたが、北京は遅れること半世紀で、2022年に開催する。

東海道新幹線の開通は1964年だが、中国高速鉄道の開通は44年後の2008年。東京に首都高速道路が開通したのも1964年だが、北京に第二環状道路が開通したのは、28年後の1992年。一般国民にパスポートが発給されるようになったのは、日本が1964年で、中国は33年後の1997年である。経済水準で見ても、2017年の中国の一人当たりのGDPは8583ドルだったが、これは1970年代後半の日本の水準だ。つ

中国　2015年

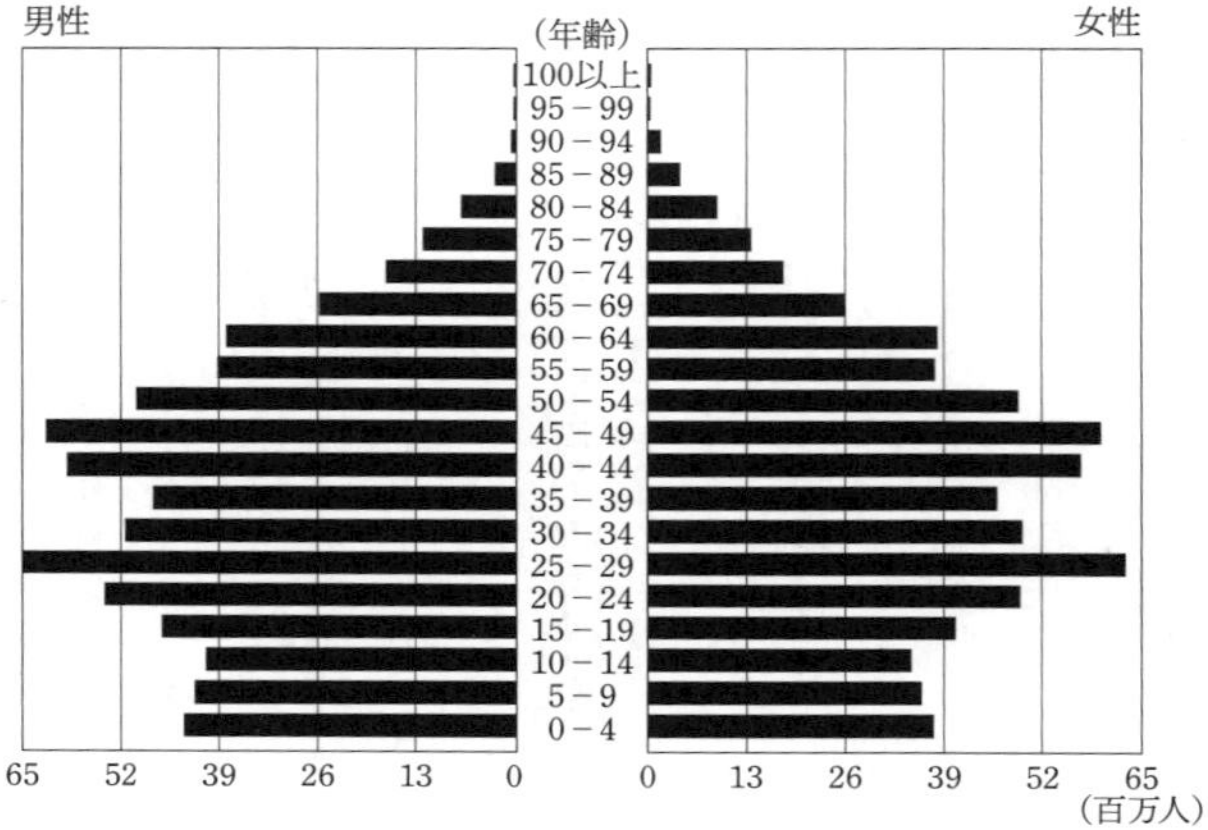

中国　2050年

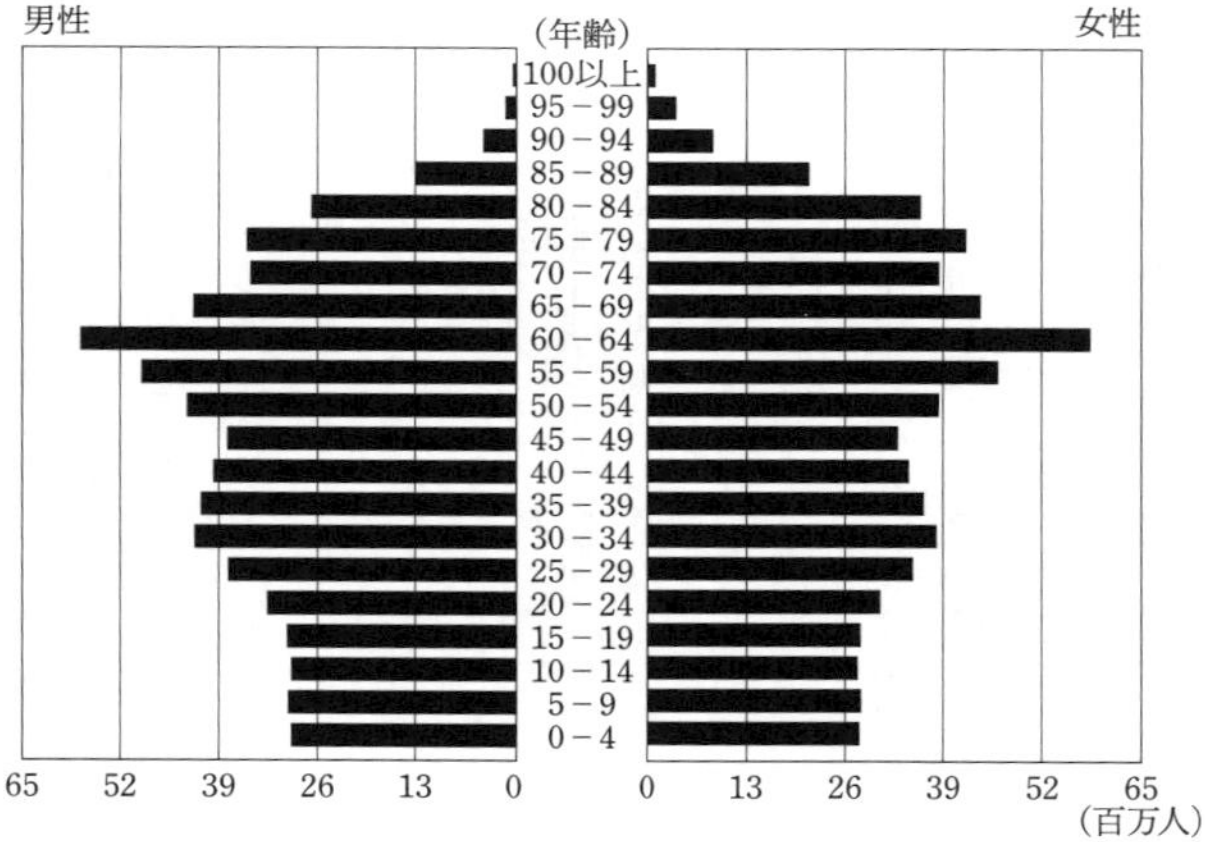

インド　2015年

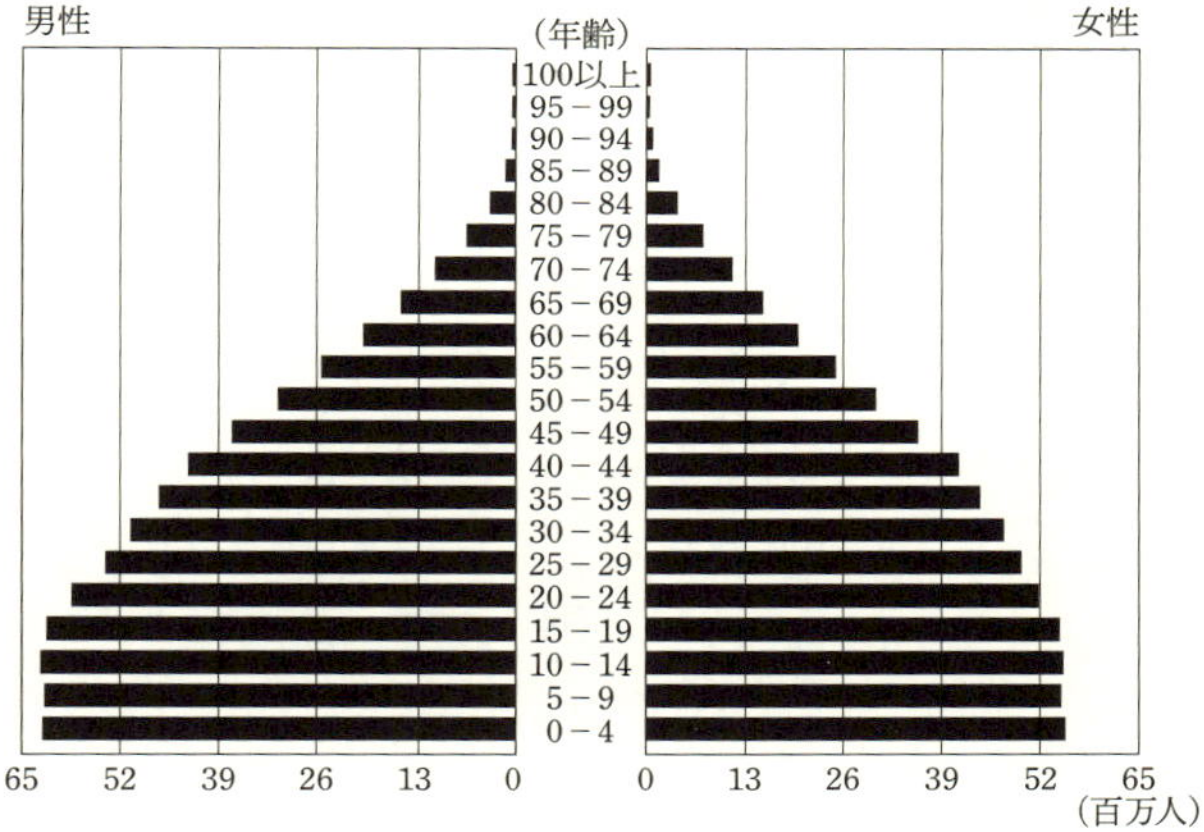

インド　2050年

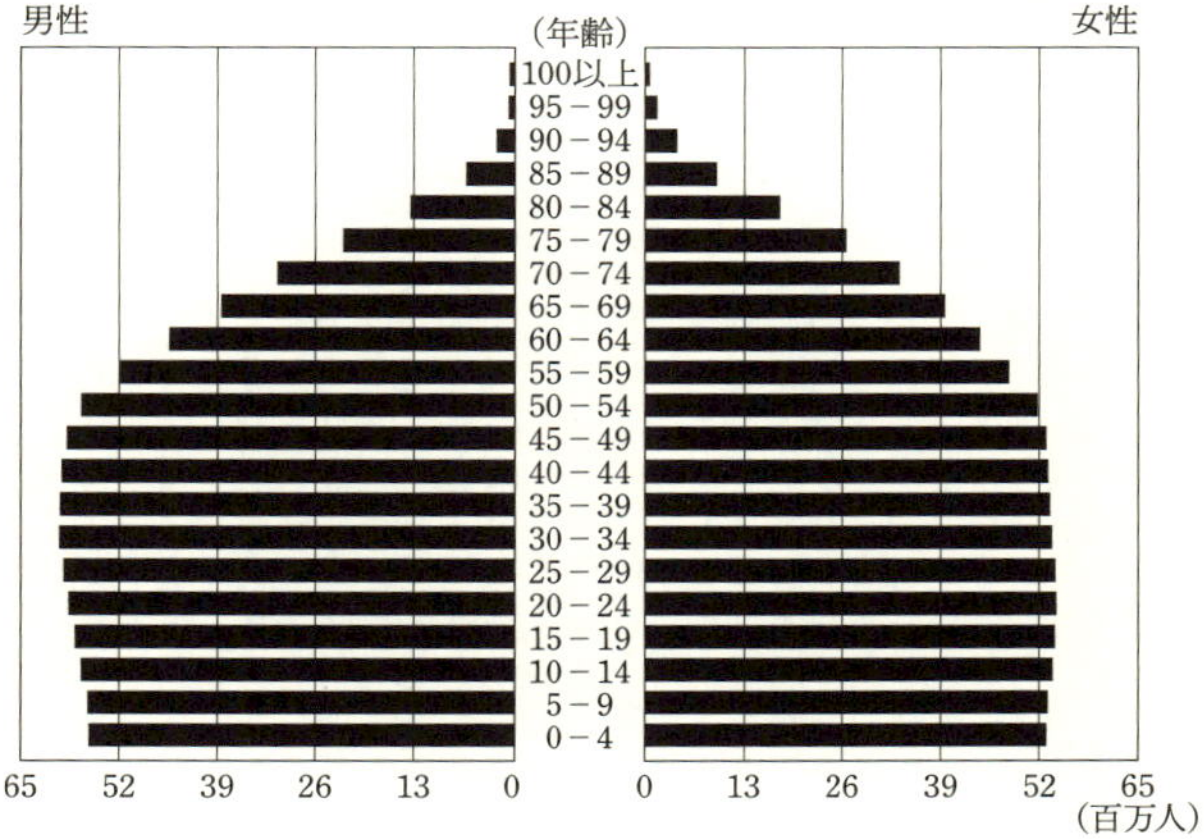

インドの2015年と2050年の人口ピラミッド
(出典：国連『世界人口予測2015年版』などの資料をもとに編集部で作成)

まり日本と中国は、30年から40年くらいの差があることになる。

だが、国のGDPで見ると、前述のように2010年、中国は日本を追い抜いた。そしていまや、その差は開くばかりだ。2017年のGDPは、日本が4兆8844億ドル、中国が11兆9375億ドルだったので、中国は日本の2・5倍近くまで差をつけたことになる。

それでは、中国とインドの発展段階の差はどうだろうか。2017年のインドのGDPは2兆4390億ドルなので、中国はインドの約4・9倍である。中国のGDPは、2005年に2兆3087億ドルで、2006年に2兆7743億ドルだったことを鑑みれば、現在のインドの経済規模は、中国の12～13年前の水準だ。

中国で20世紀初頭に起こったマンションブームやマイカーブームが、インドでいま本格化し始めたことを勘案すれば、将来インド経済が中国経済を追い越す可能性は、十分あると言える。すなわち、経済的に見て明日の中国の姿はいまの日本で、いまの中国の姿は明日のインドということだ。

日本を超え、アメリカを超える

こうした近未来図は、当然ながら中国としても重々承知している。そのため中国は、アジアにおける「仮想敵国」を、日本からインドへとシフトしつつある。

2017年10月18日、第19回中国共産党大会の初日に行われた基調演説で、習近平総書記はこう述べた。

「2020年から今世紀の半ばまでを、二つの段階に分ける。第一段階は、2020年から2035年までで、小康社会（そこそこ豊かな社会）の建設の基礎の上に、社会主義の現代化を基本的に実現する。第二段階は、2035年から今世紀半ばまでで、富強・民主・文明・和諧・美麗の社会主義現代化強国を建設する」

習近平総書記のこの時の演説は、3時間20分にもわたる大変長いものだったが、簡単に言えば「未来の目標」を、それまでの2段階から3段階に変えたのである。

2段階というのは、中国共産党100周年にあたる2021年と、建国100周年にあたる2049年を、「二つの100年」と呼んでいたことを指す。要は2021年までに、日本をあらゆる分野で追い越し、アジアでナンバー1の国になるのが短期目標。2049年までにアメリカをあらゆる分野で追い越して、世界ナンバー1の国になるのが、長期目標である。

ところが習近平総書記は、共産党大会の演説で、初めて2035年という中期目標を間に挟んだのだ。なぜそうしたかは諸説あるが、私の解釈は、中国が、2035年までにあらゆる分野で、ユーラシア大陸でナンバー1になるという決意を固めたというものだ。「一帯一路」（シルクロード経済ベルトと21世紀海上シルクロード）という外交戦略は、まさにユーラシア大陸の覇者となるための「道しるべ」と言える。

かつ習近平主席は、2035年まで自らの政権を続けるつもりなのだろう。2035年に習主席は82歳。ちょうど尊敬する毛沢東主席が死去した年齢である。そうやって2035年という中期目標を定めた時、短期目標の日本を追い越して以降は、中国のライバルはインドに変わっていくことを再認識したというわけだ。

この第19回共産党大会が開かれて以降、「日中関係が好転した」と、日本側では喜びの声を上げている。だが、これは中国側から見れば、両国のパワーの差が拡大し、日本はもはやライバルとみなすほどの存在ではなくなったということに他ならない。

2017年5月に、習近平主席が政権のメンツをかけて、北京で「一帯一路国際サミットフォーラム」を開催した時、これを事実上、無視したアジアの主要国が2ヵ国あった。日本とインドである。ただし日本は、二階俊博幹事長と今井尚哉首相首席秘書官が、オブザーバーのような格好で北京へ赴いた。かつ2017年秋以降、安倍晋三首相自身が「条件次第で日本も『一帯一路』に参加する」と表明している。

北朝鮮よりも緊迫している中印国境

一方、中国からヨーロッパへ至るルートの要衝に位置しているインドは、「一帯一路」への警戒感をあらわにしている。

そのことは、2017年以降の中印両国の緊張関係を見ても分かる。トランプ政権が発足した2017年は、日本から見れば、北朝鮮の核とミサイル実験、それに付随する米朝の緊張ばかりが報じられた一年だった。だが、アジアを俯瞰してみると、むしろ中国とインドの緊張の方が、より一触即発の状態にあったのである。

2017年に入って、人民解放軍が、中国側から国境紛争地域のドクラム（洞朗《ドンラン》）高地へと至る軍用道路を建設した。これに反発したインドが、6月に道路の一部を破壊し、かつこれまで中印軍がにらみ合っていた場所よりも前方（中国側）に軍を駐留させた。この行動に今度は中国が猛反発し、インド軍に対して撤退を要求。聞かなければインドとの局地戦争も辞さない構えを見せた。

インドは8月28日になって、ようやく撤退し、同日の外交部定例会見で、華春瑩《かしゅんえい》報道官は「勝利宣言」を行った。だが、9月3日から5日まで、習近平主席のお膝元、アモイで開かれた第9回BRICS（新興5ヵ国）首脳会議で、習主席とナレンドラ・モディ首相は、互いに笑顔も見せず、険悪な雰囲気だった。習近平主席の仏頂面は、2014年11月に北京で開かれたAPEC（アジア太平洋経済協力会議）で、安倍首相と初めて日中首脳会談を開いた時以来のものだった。

２０１８年に入ると、今度はあらぬところで中国とインドの「衝突」が起こった。それは人口わずか40万人、１１９２の珊瑚礁島からなるインド洋上の観光地モルジブである。２０１７年には延べ4万１１３３人の日本人観光客が訪問しているが、中国人はその7倍以上の延べ30万６５３０人も訪問している。私の知人に、年2回モルジブを訪れる日本人夫婦がいるが、「まるで中国の植民地のようになってきた」と漏らしていた。

政治的には「親中派」の現アブドラ・ヤミン政権に、伝統的な「親印派」のモハメド・ナシド前大統領のグループが猛反発。２０１８年2月5日に、ヤミン大統領が非常事態宣言を発令した。イギリスとスリランカで亡命生活を続けるナシド前大統領は、『日本経済新聞』（2月13日付）で、中国に対する懸念を吐露している。

「モルジブの対中債務は15億ドルから20億ドルに上り、対外債務の75％以上を占めている。金利は最終的には12％以上で、歳入が月1億ドルにすぎないわが国に、返済は不可能だ。中国はすでに16以上の島々を買い取っており、このままではモルジブそのものが中国に乗っ取られてしまう。そして容易に軍港に変わってしまうだろう」

ナシド前大統領のバックに控えているのが、モルジブからわずか６００kmの距離にあるインドなのである。インドがモルジブへの海軍派遣を示唆したところ、『環球時報』（2月14

日付）は社説で、「インドは南アジアの特権思想を放棄せよ」と迫った。中国外交部も「インド洋では各国が国際海洋法を遵守し、自由で開かれた海であるべきだ」と、南シナ海では聞けないような発言をしている。

中国は、２０１７年8月、アフリカ東部のジブチに、海外初の海軍基地を建設したが、これにどの国よりも反発したのが、インドだった。中国はこれまで、南シナ海や東シナ海などで、周辺国と領海問題を起こしてきたが、インドにとってしょせんは「対岸の火事」だった。それがいよいよ、インド洋方面にも進出してきたからだ。

２０１７年12月、スリランカが、膨れ上がった対中債務返済のため、ハンバントタ港を99年間、中国に租借地として与えた。中国はインドの「天敵」パキスタンでも、総工費４５０億ドルをかけて、グアダル港から中国までの約３０００kmに道路、鉄道、パイプライン、光ケーブルを通す「中パ経済回廊」を建設中であり、インドとしては気が気でないのである。

２０１６年の中印貿易額は、６９６億ドル（約7兆６５６０億円）に上り、インドにとって中国は最大の貿易相手国となった。また、２０１８年4月には、モディ首相が湖北省の省都・武漢を訪問し、中国との関係改善を図った。

だがこれは、単に「一時休戦」と見るべきであり、今後とも「中印共舞」とは行きそうにない。

「老いた金メダリスト」

それでは今後、「巨竜」と「巨象」は、どちらがアジアの覇者になるのか？

これは、米中2大国の角逐と並んで、21世紀前半のアジア最大のテーマと言える。中印両国の国内状況から国際情勢まで、多岐にわたる要素が絡んでくるが、「米中対決」と同様、長期戦になるのは必至だ。今後は、中印両国による宇宙開発競争が展開される事態も予想される。

そんな中で、将来の予測が立つ最も重要な指標が「人口」なのである。

21世紀に入って、日本はなぜ中国に総合的な国力で抜き去られてしまったのか。これは様々な理由が考えられるが、大きな要素として、日本の少子高齢化の急速な進行が挙げられる。日本はいくら先進的な技術を持っていても、少子高齢化が甚だしく、自縛状態に陥ってしまったのである。

私は2015年4月に、ジャカルタで開かれた「ダボス会議アジア大会」に出席して、東南アジア各国の指導者たちから話を聞く機会があった。その時、彼らが日本のことを「老いた金メダリスト」と呼んでいるのを聞いて、ショックを受けた。日本との2国間会談の際には、相変わらず日本を賞賛するばかりだが、いまやASEANの国々から見て日本は、「あの人（国）、昔はすごかったんだよなあ」という、かつての金メダリストの老人のような国に映っているのである。

「中印戦争」の可能性は？

話を中国とインドに戻して、前述の国連『世界人口予測』を、再び見てみよう。

２０１７年の時点で、中国人は14億９５１万人で、「労働年齢」とも言える15歳から59歳までは、全体の66％にあたるので、９億３０２７万人。一方のインドは、人口が13億３９１８万人で、15歳から59歳までは63％なので、８億４３６８万人である。つまり２０１７年時点では、中国人のほうがインド人よりも、８６５９万人も多い。両国間では、日本の総人口の約３分の２にあたる「労働人口差」がついているのだから、これだけを見ても中国の方がインドよりもパワフルな国ということになる。

それでは、将来はどうだろう？　２０３５年の中国の人口は、14億３３５０万人で、インドの人口は15億６４５７万人。つまりインドの方が１億３１０７万人も多い。さらに２０５０年になると、中国の人口は13億６４４５万人で、インドの人口は16億５８９７万人。つまりインドの方が、約３億人（２億９４５２万人）も多くなるのである。

しかも、15歳から59歳までの「労働年齢」の差は、一層顕著だ。中国は２０１５年の時点では、この年齢層が全体の67・6%を占めていたが、2050年には50・0%と、ちょうど半分まで減る。人口にすると、6億8222万人だ。これに対しインドは、2015年時点で「労働年齢」は全体の62・3%を占めているが、2050年でも61・5%と、ほぼ変わらない。その結果、2050年の「労働人口」は、10億2026万人となる。この数はなんと、中国より3億3804万人も多いのだ。

2021年の章で述べたように、中国はこの年までに貧困層を撲滅する計画を立てている。インドのいまの経済の急成長を鑑みれば、それから約30年後の2050年に、インド社会からも貧困が撲滅されている可能性は、大いにある。そうなれば、インドは中国より「3億3804万人分」も、人口で優位に立てるのである。

このことが、両国の国力に与える影響は計り知れない。中国としても、かつて日本を追い越した経験から、人口の重要さは知悉《ちしつ》している。そうなると、アジアをインドに制圧される前に、インドを叩いておこうという心理が働くのは自然なことだ。

その意味でも、2035年までに中印が、アジアの覇権を賭けて軍事衝突——そんな悪夢のシナリオが起こらないとは言えないのである。

2049年

建国100周年を祝うのは5億人の老人

日本とほぼ同じ速度で、日本の後を追うように急速な高齢化を迎える中国。ただし、日本と違って社会保障制度が整備されていないまま、しかも10倍の規模の超高齢化社会が誕生する。

キーワード

未富先老《ウエイ フー シエン ラオ》

香港の完全返還で起こること

２０４９年、建国１００周年を迎える中国では、国を挙げての祝賀行事が待ち受けている。毛沢東が天安門の楼上に立ち、「中華人民共和国の建国を宣言する」と高らかに謳《うた》ってから、共産党政権は１００年続いたことになる。

その2年前には、もう一つの祝賀行事が控えている。２０４7年7月1日をもって、特別行政区の香港が、完全に中国に組み込まれるのだ。香港の完全返還は、１８４０年のアヘン戦争で清国がイギリスに敗れて以来、丸2世紀にわたる中国人の悲願だった。「香港の憲法」と言える香港特別行政区基本法の第5条には、こう記されている。

〈香港特別行政区は社会主義の制度と政策を実行しない。それまで保持していた資本主義の制度と生活方式を、50年変えない〉

すなわち、この日をもって、香港がイギリス式の資本主義から中国式の社会主義に変わるのである。

香港特別行政区の統計によれば、2017年末の香港の人口は、740万9800人である。また、前述の『世界人口予測2017年版』は、香港の2050年の予測人口を825万3000人としている。そのため中国からすれば、2047年7月1日、一夜にして大量に「人口」(正確に言えば「境内人口」)が増加することになる。

前章で述べたように、2050年に中国の人口は、13億6445万人まで減少している。これは、2015年の水準だ。そのため、富裕で先進的な香港の人々を加えることは、中国にとって願ってもない「人口ボーナス」となる。

ただし、香港の完全返還によって、最終的に中国の人口が何万人増加するかは不明だ。なぜなら、例えば仮に、2019年7月1日をもって「一国二制度」を終了させ、香港が社会主義になるとしたら、何が起こるかを考えれば分かりやすい。おそらく少なからぬ香港人が、その日までに、台湾やシンガポールなどに、自由を求めて移住していくことだろう。それと同様の「2047年問題」が起こってくるに違いないからだ。

それでも、香港という領土は、完全に中国側に組み込まれる。そのため中国としては、1980年から香港に隣接する深圳で行ったように、香港を経済特区に指定して、大陸からの移民を増やしていけば、「100万ドルの夜景」と称される香港の繁栄は保てると考えるかもしれない。

「還暦以上」が5億人!

ともあれ、その香港の完全返還から2年3ヵ月後の2049年10月1日、中国はもう一つの重要記念日である建国100周年を迎えるのである。

これも前章で述べたことだが、建国100周年は、習近平主席が常々唱えている「二つの100年」の後半部分にあたる。すなわち、一つめの100年である2021年7月1日の中国共産党創建100周年までに、アジアでナンバー1の地位を確保する。そして二つ目の100年の2049年までに、アメリカを超える超大国として世界に君臨するという「中国の夢」を実現させるのだ。

アヘン戦争(1840年~1842年)で欧米に叩かれ、日清戦争(1894年~1895年)で日本に叩かれ、19世紀後半から20世紀前半にかけて「屈辱の100年」の辛酸を嘗《な》めた巨竜が、ついに21世紀に完全復活を果たす。習近平主席は、ユーラシア大陸に向かって

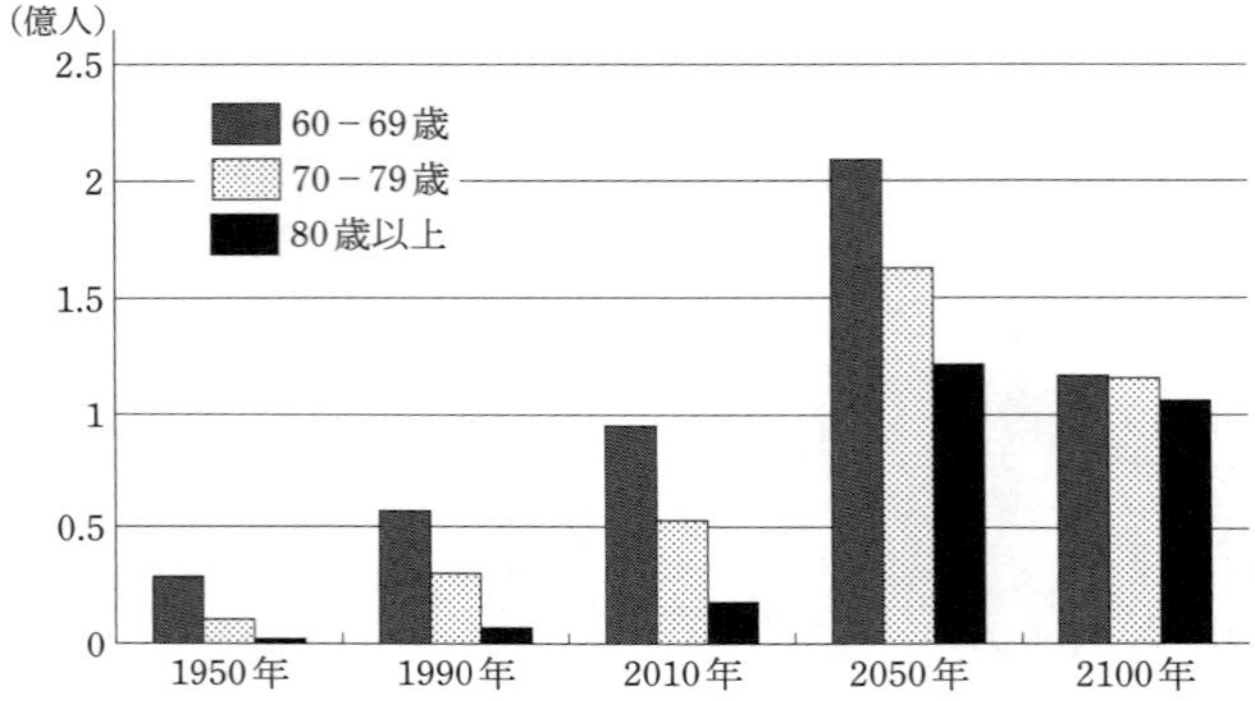

中国の60-69歳、70-79歳、80歳以上の人口の推移
（出典：国連『世界人口予測2015年版』他）

「一帯一路」を唱え、アメリカに向かって「新型の大国関係」を唱えるなど、21世紀を「中国の世紀」にしようと意欲満々である。

だが今世紀半ばの中国は、「吉事」ばかりに囲まれるとは限らない。なぜなら、中国の人口学者たちも警鐘を鳴らしていることだが、このまま進めば中国は２０５０年頃、人類が体験したことのない未曾有の高齢化社会を迎えるからだ。『世界人口予測２０１７年版』によれば、２０４９年の中国の人口は13億７０９６億人で、２０５０年は13億６４４５億人。これは、２０１１年の中国の人口13億６７４８万人、及び２０１２年の13億７５１９万人と同水準だ。

だが、２０１０年代の現在と、２０５０年頃とでは、中国の人口構成はまったく異なる。『世界人口予測２０１５年版』によれば、２０１５

年時点での中国の人口構成は、0歳から14歳までが17・2％、15歳から59歳までが67・6％、60歳以上が15・2％、そして80歳以上が1・6％である。

それが2050年になると、激変する。0歳から14歳までが13・5％、15歳から59歳までが50・0％、60歳以上が36・5％、80歳以上が8・9％なのである。

これを人数で表せば、2050年の中国の60歳以上の人口は、4億9802万人！80歳以上の人口は、1億2143万人である。つまり、「私は還暦を越えました」という人が、約5億人という巨大な数に上るのだ。かつ「傘寿《さんじゅ》を越えました」という人が、現在の日本の総人口にほぼ匹敵する数となる。まさに未曾有の高齢化社会の到来である。

私が中国で、こうした未来図を初めて想い描いたのは、2012年の年末のことだった。北京の農業展覧館で、北京国際高齢産業博覧会が開かれたのである。そこには、老人用の車椅子、補聴器、おむつなど、多数の商品が展示されていた。そして場内のそこかしこに、「中国は近未来に、未曾有の高齢化社会を迎える」と表示してあった。

館内の様子を見ていると、日本が直面している少子高齢化の波が、やがて中国をも襲うのだということが理解できた。しかも、日本の10倍以上の規模をもってである。

実際、中国の人口学者たちの間からも、「このままでは大変なことになる」という警告が上がっている。例えば、20人の人口学者らがまとめた『中国の人口老齢化と老齢事業発展報告2015』（中国人民大学出版社刊、2016年12月）は、こんな書き出しで始まっている。

〈中国は老年人口の規模が、最も多い国家である。2015年のわが国の60歳以上の老年人口は、2億2000万人に達した。これは、香港・マカオ・台湾の老年人口を含まない人数だ。

このまま人口の高齢化が進行していけば、中国の経済成長、社会や家庭の発展、政策や制度の設定などの方面で、深刻な影響を生むだろう。人口の高齢化がもたらすマイナス面に対抗していくため、中国政府は、高齢化問題を重視するレベルを、科学的な見地から新たな高みにまで引き上げていく積極的な対応が求められている〉

中国国家統計局が公表した「2016年全国1％人口抽出調査」によれば、2016年末時点で、65歳以上の人口は1億5003万人となり、初めて1億5000万人を突破した。全人口13億8271万人の10・8％を占めており、国連が定めている「高齢化社会」の基準値7％を超えている。

日本と同じ速度で高齢化

中国の次のターニングポイントは、国連の「高齢社会」の基準値である全人口の14％を、いつ超えるかである。

『中国人口老齢化：変化と挑戦』（中国人口出版社刊、2006年）によると、欧米先進国の場合、65歳以上の人口が7％から14％に達するまで、フランスは115年（1865年〜1980年）、スウェーデンが85年（1890年〜1975年）、イタリアが67年（1921年〜1988年）、アメリカは66年（1944年〜2010年）かかった。

ところが中国は、わずか28年で到達すると予測されているのだ。具体的には、2000年に7％を超え（2000年秋の全国人口調査で6・96％だったため同年内に7％を超えたと推測される）、2028年に14％に達する。これは、日本の25年（1970年〜1995年）と、ほぼ同等の速度だ。

他にも、中国の高齢化の速度が日本と酷似していることを示すデータはある。例えば、2000年から2015年までに、中国では65歳以上の人口が50・58％増加しており、80歳以上の人口は71・82％増加した。こちらも欧米先進国よりは、日本の54・05％、82・39％に近似している。

次に、高齢化社会における社会の負担を示す、15歳から64歳までの生産年齢人口と、65歳以上の高齢者人口の割合について見てみよう。

中国は2013年、8・2人の生産年齢人口が1人の高齢者を支える構造になっていた。これは、1980年の日本の構造、1対7・5と近い。その後、中国は2050年に、2・6人の生産年齢人口が1人の高齢者を支える社会構造となる。これは、2013年の日本の構造、1対2・5に近い。

こうした人口データを勘案すると、2010年代の日本で起こっていることが、2040年代の中国で起こってくると予測できるのである。前章でも述べた通り、中国の高齢化は、日本に遅れること30年ほどでやってくることを示している。

日本の高齢化とは異なる二つの点

ただし、中国社会の高齢化が、日本社会の高齢化と決定的に異なる点が、二つある。

一つは、高齢化社会を迎えた時の「社会の状態」だ。

日本の場合は、先進国になってから高齢社会を迎えた。日本の65歳人口が14％を超えたのは、1995年だが、それから5年後の2000年には、介護保険法を施行した。また、日本の2000年の一人当たりGDPは、3万8533ドルもあった。いわば高齢社会を迎えるにあたって、社会的なインフラが整備できていたのである。

ところが、中国の一人当たりのGDPは、2018年にようやく約1万ドルとなる程度だ。65歳以上人口が14％を超える2028年まで、残り10年。中国で流行語になっている「未富《ウエイフー》 先老《シエンラオ》」（豊かにならないうちに先に高齢化を迎える）、もしくは「未備《ウエイベイ》 先老《シエンラオ》」（制度が整備されないうちに先に高齢化を迎える）の状況が、近未来に確実に起こってくるのである。

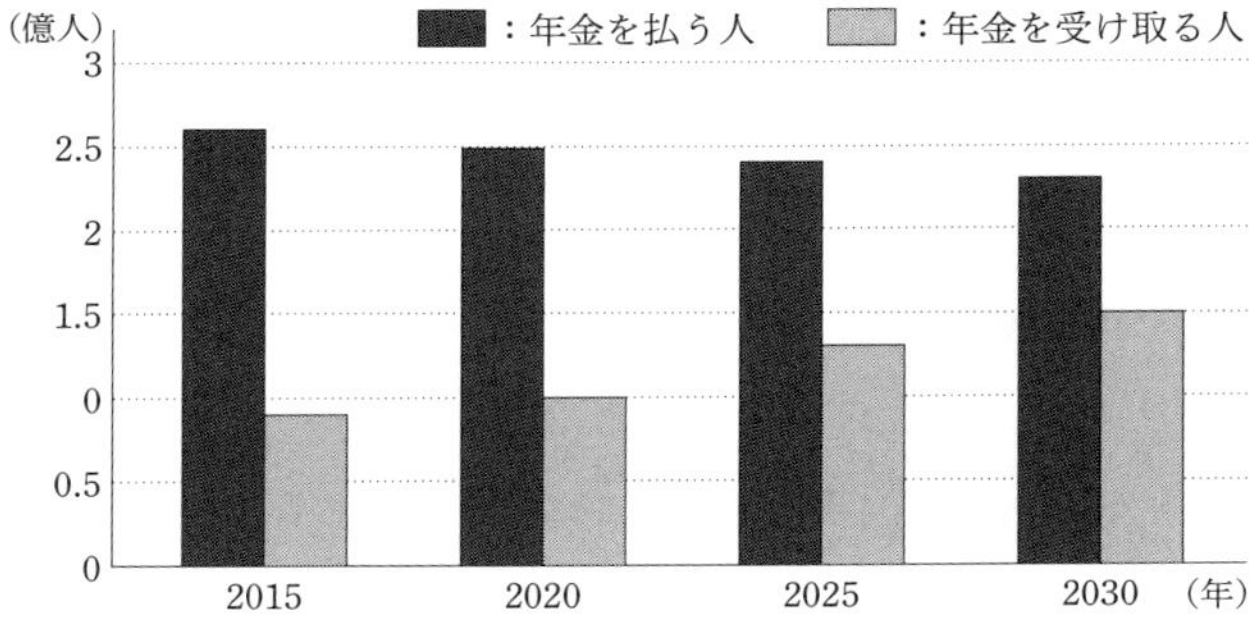

65歳以上の基本年金を払う人と受け取る人の推移予測（出典：中国産業情報）

日本とのもう一つの違いは、中国の高齢社会の規模が、日本とは比較にならないほど巨大なことだ。

中国がこれまで６回行った全国人口調査によれば、特に21世紀に入ってから、65歳以上の人口が、人数、比率ともに、着実に増え続けていることが分かる。そして、２０５０年には、総人口の23・３％、３億１７９１万人が65歳以上となる。

23・３％という数字は、日本の２０１０年の65歳以上人口の割合23・１％と、ほぼ同じである。２０５０年の中国は、80歳以上の人口も総人口の８・９％にあたる１億２１４３万人と、現在の日本の総人口に匹敵する数に上るのである。

いくら今後、ＡＩ技術を発達させたとしても、これほど多くの老人が中国大陸に溢《あふ》れていては、明るい未来は描きにくい。むしろ、高齢化に伴う様々な問題が発生してくると考えるほうが自然だろう。たとえば、後述する年金システムの破綻といった問題である。

「要介護人口」2億人?

実際、中国では、すでに高齢化問題が深刻化になり始めている。

中国人民大学中国調査データセンターは、2014年5月から11月にかけて、全国28地域で、60歳以上の高齢者1万1511人を対象に、詳細な生活調査を実施。その結果を、『2014年中国老年社会追求調査』レポートにまとめている。

調査の一つとして、日常の10項目の行為を、「他人の手を借りずにできる」「一部の助けが必要」「一人ではまったくできない」に3分類した。10項目とは、電話する、櫛《くし》で髪をとかす(女性は化粧する)、階段を上下移動する、街中《まちなか》を歩く、公共交通機関に乗る、買い物する、自分の財産を管理する、体重を量る、料理を作る、家事を行うである。

その結果、10項目とも「他人の手を借りずにできる」と答えた高齢者は、全体の59・22%しかいなかった。この調査は、男女別、都市農村別の結果も出しているが、農村地域に住む女性高齢者の場合、39・18%しか、10項目すべてに合格しなかったのである。

これは、全体の4割の高齢者が、何らかの介護を必要としていることを示している。農村地域の女性高齢者に関しては6割だ。

前述の『世界人口予測２０１５年版』によれば、中国の60歳以上の人口は2億９１５万人なので、大ざっぱに計算して「要介護人口」は、８５３３万人となる。また、２０５０年の60歳以上の予測人口は4億９８０2万人なので、これに当てはめると、「要介護人口」は2億75万人となり、実に2億人を超える計算となる。

日本の厚生労働省の統計データによれば、２０１７年11月現在で、日本の要介護認定者数は、65歳以上の18・０％にあたる６４１万９０００人である。2億人と言えば、その31倍（！）にあたる。世界最速で高齢社会を迎えている日本人から見ても、中国の高齢化は、想像を絶する世界なのだ。それにもかかわらず、中国では介護保険法が、いまだ施行されていない。

中国では、独居老人の問題も、年々深刻になってきている。

同じく『２０１４年中国老年社会追求調査』によれば、60歳以上の一人暮らしは、全体の9・８％だった。うち男性7・４４％、女性12・０８％で、都市部が9・１５％、農村部が10・５３％である。また、独居老人の年齢は、60歳から5歳刻みで見ていくと、80歳から84歳が19・８５％でピークだった。

すなわち、平均寿命が長い女性の方が一人暮らしが多く、生産年齢人口（15歳～64歳）が都市部へ出稼ぎに出てしまう農村部の方が、一人暮らしが多いということだ。

中国民政部発行の『２０１４年社会サービス発展統計公報』によれば、２０１４年末時点での60歳以上の人口は、２億１２４２万人である。そのうち９・８％が一人暮らしということは、単純計算で２０８１万人。２０１４年の時点で、日本の総人口の６分の１にあたる２０００万人もの一人暮らし高齢者がいることになる。これが２０５０年になると、60歳以上の一人暮らしは、４８２１万人となる。だが、これは単純に、２０１４年の一人暮らしの割合を当てはめたにすぎない。

「一人っ子世代」の親の世代が高齢化を迎える２０５０年には、２０１４年に較べて、はるかに多くの独居老人が発生していることが見込まれる。その数は１億人を超えていることも、十分考えられるのである。彼らの相手をしているのは「ＡＩ家政婦」だけだろう。

社会保障は一部でパンク寸前

それでは、中国の社会保障制度は、高齢者をきちんとカバーしているのか。結論から言えば、必ずしもそうなってはいない。

中国の公的年金制度は大別して、一般企業に勤める都市の市民が加入する「都市職工基本年金保険」、その一部に分類され公務員などが加入する「機関事業単位年金保険」、農村部の人々や都市部の非就労者が加入する「都市農村住民基本年金保険」に分かれる。

保険料は、サラリーマンと公務員は賃金総額の８%、企業・機関が20%を納める。そして退職年齢（男性60歳、女性55歳）に達したら給付が開始される。都市の非就労者・農村住民に関しては、基礎年金と個人勘定の二段式になっている。基礎年金は毎月75元（約１２７５円）を政府・地方自治体が給付し、個人勘定は15年以上保険料を納付した人が対象となる。男女とも給付開始は60歳だ。

２０１７年10月18日、習近平主席は、第19回中国共産党大会の活動報告で、「社会保障システムの構築を強化し、全国民を全面的にカバーする」と述べた。また、２０１７年の大晦日に中国中央テレビで語った「２０１８年新年賀詞」でも、「社会年金保険は、すでに９億人をカバーし、基本医療保険は、すでに13億５０００万人をカバーしている」と誇った。

２０１７年11月に人力資源社会保障部が発布した『中国社会保険発展年度報告２０１６』によれば、２０１６年現在、全国で年金保険に加入しているのは８億８８００万人。総人口の64・２１%にあたるので、だいたい３人に２人が加入していることになる。

また、基本医療保険の加入者が７億４４００万人、工傷保険の加入者が２億１９００万人、失業保険の加入者が１億８１００万人、出産保険の加入者が１億８５００万人である。

中国では、これら５つの保険に加えて、住宅積立金を含めて、「五険一金《ウーシエンイージン》」と呼んでいる。２０１６年の「五険」基金の総収入は、前年比14・１%増の５兆３６００億元（約91兆

1200億円）。だが総支出は、前年比20・3％増の4兆6900億元（約79兆7300億円）に上った。それでも人力資源社会保障部は、いまだに剰余金が6兆6000億元（約112兆2000億円）あり、2016年には企業離退職者に対して、ひと月あたり、前年比122元増の2373元（約4万340円）の年金を支給したと発表した。

だが、これは都市職工基本年金であって、都市農村住民基本年金の給付額は、2015年の全国平均でひと月当たり117元（約1990円）と、その5％にすぎない。

また、いくら習近平主席や人力資源社会保障部が誇ったところで、政府と地方自治体の支出は増える一方で、先細り感は否めない。2000年から2014年までの14年間で、都市職工基本年金保険に加入している離退職者数は、3876万人から8593万人へと、2・2倍に増加。年金支出は、2115億元（約3兆5955億円）から2兆1755億元（約36兆9835億円）へと、なんと10・3倍に増えているのだ。

特に、所得の低い高齢者の割合が多い遼寧省、吉林省、黒竜江省の東北3省で、財政負担が抜き差しならない状況に陥っている。2014年の公共財政支出から公共財政収入を引いた額は、遼寧省が1884億元（約3兆2030億円）、吉林省が1709億元（約2兆9050億円）、黒竜江省が2132億元（約3兆6240億円）で、3省合わせて5727億元（約9兆7360億円）にも達する。

正論を言って解任された財務相

このままでは中国の年金制度も、日本と同様、破綻に至るリスクは増していくだろう。

それでも、「年金崩壊論」は、中国ではタブーになっている。

中国の基本年金保険制度が正式に発足したのは、1991年である。それまでは、社会主義国の制度として、退職者には生涯にわたって退職月の月給を毎月払い続け、退職者の医療費も基本的に無料だった。ところが、それを続けていては財政が破綻してしまうため、先進国並みの年金制度を作ったのである。そのため、1991年以前は年金を積み立てていなかったにもかかわらず、現在年金を受け取っている高齢者も多い。

2016年4月、楼継偉《ろうけいい》財政部長（財務相）が清華大学で行った講演で、そのことを指摘し、制度の改善を訴えた。すなわち、年金制度の崩壊を防ぐためにも、積み立てていない高齢者に対する支給を制限するよう促したのだ。

財政部長によるこの発言は、中国共産党内部で大きな波紋を呼んだ。特に党の長老たちが、「習近平政権は社会主義を支えてきた世代を切り捨てる気か」と嚙みついた。

結局、習近平主席の経済分野における指南役の劉鶴《りゅうかく》・中央財経指導小グループ弁公室主任（2018年3月より経済担当副首相）が中心になって火消しに走り、楼部長はこの発言の7

ヵ月後に解任された。皮肉なことに、解任後に与えられた職責は、全国社会保障基金理事会理事長だったのである。

「高齢化ビジネス」中国へ輸出のチャンス

ともあれ、2050年頃に、60歳以上の人口が5億人に達する中国は、大きな困難を強いられることは間違いない。製造業やサービス業の人手不足、税収不足、投資不足……。それらはまさに、現在の日本が直面している問題だ。

経済統計学が専門の陳暁毅《ちんぎようき》広西財経学院副教授は、『人口年齢構造の変動が市民の消費に与える影響の研究』(中国社会科学出版社刊、2017年)で、今後、中国が持続的な経済発展をしていくには、「老年市場」を開拓していくしかないと結論づけている。

それは、以下のようなものだ。

- 老年日用品市場……食品、ファッション、家庭日用品、保健品、補助医療設備など
- 老年サービス市場……家事サービス、衛生保健サービス、医療サービスなど
- 老年不動産市場……老年マンション、老人ホームなど
- 老年娯楽市場……老年用玩具、文化用品、旅行など

・老年金融保険市場……投資サービス、医療保険サービスなど
・老年就業市場……老人の再就業の奨励
・老年教育市場……老年大学、老年趣味教室、老年の職業訓練など
・老年特殊市場……結婚相談所、同伴サービスなど

	退職者数（万人）	年金年間給付額（億元）	一人あたりの年間給付額（元）
1978年	314	17	541
1980年	816	50	613
1985年	1637	150	889
1990年	2301	472	1722
1995年	3351	1251	3734
1998年	3594	1512	4207
2000年	3876	2115	7052
2005年	5088	2553	10324
2006年	4635	4897	10565
2010年	6305	10555	16740
2012年	7446	15562	20900
2013年	8041	19819	24600
2014年	8593	21755	25300

退職者数と年金年間平均給付額、一人当たりの年金年間平均給付額の推移（出典：中国人口老齢化老齢事業発展報告2015）

要は、いまの日本で行われていることと、よく似たことだ。その意味では、日本国内で高齢化ビジネスのノウハウ蓄積を持つ日本企業は、今後新たに中国市場に進出していくチャンスが多いとも言える。

人口不足を補うために台湾を併合？

いずれにしても、2050年頃に、中国はここまで超高齢社会を迎えるとなると、やはりAIを駆使し

た社会を構築していくしかないだろう。２０２５年の章で述べたように、中国は２０１７年のＡＩ分野での資金調達額で、アメリカを引き離して世界トップを走っており、「ＡＩ頼み」がこの先続くことになる。

最後にもう一つ、２０４９年の中国には、根本的な問題も存在する。それは、１９４９年以来の共産党政権が、はたして本当に「１００年続くかどうか」という問題だ。

２０１０年の「アラブの春」のような事態が、この先、中国で起こらないという保証は、どこにもない。実際、１９８９年には、若者たちが民主化を求めて立ち上がった天安門事件が起こっている。

今後は、ＩＴ企業連合が、共産党政権に反乱を起こす可能性も排除できない。深圳は、「中国のシリコンバレー」と呼ばれるが、中国には本場アメリカのシリコンバレーのような「何をしてもよい自由」はないからだ。見方によっては、中国共産党とＩＴ業界は呉越同舟なのだ。

それでも習近平政権は、将来をもっと楽観的に捉えているに違いない。すなわちこの先、ＡＩ技術が発達していけば、それは14億国民が15億国民になろうとも、容易に管理していけるということだ。

加えて、アメリカを凌ぐ強国になることによって、建国以来の悲願である台湾統一を成し遂げようとするだろう。

習近平主席が台湾統一を真剣に考えていることを、私が確信した事象が2点ある。

一つは、2019年の章で詳述した「第二首都」雄安の建設を、2017年4月に正式に発表した時である。決して発表はしないが、雄安建設の最大の目的は、台湾統一戦争になった場合の首都移転先の確保にあるというのが、私の見立てである。だから敵のミサイルに対応できる「防空壕都市」を建設するはずだ。

もう一つは、2018年3月の全国人民代表大会で、習近平主席が強引に憲法を改正し、国家主席の任期を撤廃した時である。いくら習主席が権限を強化しているとはいえ、長老たちの抵抗もなくこんな荒技ができるとは思えない。ただ一つの例外は、長老たちに自分の代で必ず台湾統一を果たすと約束した場合である。

ともあれ2017年時点で、人口2355万人の台湾を、近未来に統一できれば、将来の懸案事項である人口減を、かなり補えることになる。しかも先進的な台湾経済が、中国経済を大きくフォローするのは確実だ。

だが、もし万が一、中台戦争が勃発して、長期の混乱に陥れば、「戦乱時に人口は減少する」という中国史が示している通り、逆に中国は大きな打撃を受けるだろう。

2049年の中国社会を予測

それにしても、5億人の老人社会とは、いったいどんな社会だろうか？

まず都市部でさえ、街の風景を見渡すと、老人がどこにでも目に付くだろう。地下鉄やバスの乗客も、タクシーの運転手も、横断歩道を渡る人も、あちらも老人、こちらも老人だ。乗り物では、シルバーシートという概念すらなくなっているかもしれない。

それから、いまの中国では若者たちが中心になっているような施設も、客の中心は老人になっているに違いない。映画館に足を運ぶのも老人なら、スポーツジムで汗を流すのも老人だ。中華料理自体も、老人が嚙みやすいようにと、柔らかい料理が中心になっているのではないだろうか。

2049年の時点で、60代の「若い老人たち」は、一人っ子世代なので、贅沢《ぜいたく》志向が強い。おそらく未来の中国の青年たちは、いまの日本の「ゆとり世代」や「悟り世代」のように「草食系」になっているだろう。そのため中国では、「爆買い」の主役も、老人が占めることになるに違いない。

かつて「空巣青年」と呼ばれた自室でスマホばかりいじっていた青年たちは、「空巣老人」となる。この人たちは、生活にあまり変化はないのではないか。

一方、中国の農村部は、一段と過疎化が進むはずだ。四川省は人間の数よりもパンダの数の方が多くなっているかもしれない。だが恐ろしいのは、熊や虎などが人家を襲うケースが増えていくだろうということだ。

アメリカを追い越して、世界最強国家として君臨しているのか、それとも……。「２０４９年の中国」を、ぜひとも見届けたいものだ。

おわりに

2018年3月、私は連日、オフィスのパソコンを、中国中央テレビのインターネット生放送に合わせ、北京の人民大会堂で繰り広げられている全国人民代表大会の様子を見入っていた。国家主席の任期を撤廃する憲法改正、15省庁も消滅・改編した省庁再編、そして引退したはずの王岐山《おうきざん》前常務委員を国家副主席に抜擢する仰天人事……。2期目5年の習近平「強権政権」は、いったいどこへ向かうのかと、そればかり考えていた。

と、同僚の青木肇《はじめ》「現代新書」編集長が、肩を叩いてきた。

「『人口』という観点から、中国の未来予測を書いてみませんか?」

「はっ?」

中国の政治、経済、軍事、社会といった分野は、日々フォローしているが、「人口」について深く考察したことはなかった。青木は続けた。

「中国の政治や軍事はブラックボックスも同然で、経済指標もなかなか信用できませんよね。でも、『人口』という観点からみると、かなり正確な分析や予測ができるのではと思うんです。つまり、『人口はウソをつかない』ということです」

日本の25倍もの面積を誇る中国にあっては、厳密に言えば人口だってウソをつくのだ。当の私も、2010年の第6回全国人口調査の際には、北京で駐在員をしていた外国人なのに、「中国人」に数えられてしまったくらいだ（訪問調査員に「一人記載するごとに2元もらえるから」と泣きつかれた）。

だがそうは言っても、たしかに他の統計に較べれば、正確に中国の未来を割り出す参考になるかもしれない。実際、人口は「人の口」と書くように、食糧確保は国体維持の基本であり、中国では紀元前の春秋戦国時代から、多大な労苦をいとわず人口調査を行ってきた。

私は二つ返事で承諾し、その日から早速、中国の人口分析を始めた。

中国語に、「水は舟を進ませもし、またひっくり返しもする」（水能載舟、亦能覆舟）という諺がある。いま本書を書き終えて、同様に『人口』は中国を進ませもし、またひっくり返しもする」と、つくづく思う。

中国人口信息網
http://www.cpirc.org.cn/

人口与発展
http://www.oaj.pku.edu.cn/rkyfz/CN/1674-1668/home.shtml

中国人口科学
http://www.zgrkkx.com/

中国城市統計年鑑 2016
http://www.stats.gov.cn/tjsj/tjcbw/201706/t20170613_1502795.html

2014年社会服務発展統計公報
http://www.mca.gov.cn/article/sj/tjgb/201506/201506158324399.shtml

2016年社会服務発展統計公報
http://www.gov.cn/xinwen/2017-08/03/content_5215805.htm

中国社会保険発展年度報告 2016
https://www.gov.cn/xinwen/2017-11/25/content_5242176.htm

香港特別行政区政府政府統計処
http://www.censtatd.gov.hk/home/index_tc.jsp

中国老年社会追踪調査
http://class.ruc.edu.cn/index.php?r=document/quesdetail&cid=24

CBINSIGHTS Artificial Intelligence Trends To Watch In 2018
https://www.cbinsights.com/research/report/artificial-intelligence-trends-2018/

最高人民法院信息中心司法案例研究院離婚訴訟
https://file.chinacourt.org/f.php?id=11991&class=file

〈参考文献〉

『中国人口発展的政策与実施』陳江生、李良艶、胡健閫、経済科学出版社、2017年

『中国人口老齢化和老齢事業発展報告 2015』孫鵑娟、杜鵬主編、中国人民大学出版社、2016年

『中国人口老齢化与経済増長問題研究』袁蓓、人民出版社、2017年

『中国人口老齢化背景下的財政政策研究』李保仁、白彦鋒、王凱、経済科学出版社、2017年

『中国人口老齢化：変化与挑戦』鄔滄萍、杜鵬等、中国人口出版社、2006年

『人口年齢結構変動対居民消費的影響研究』陳暁毅、中国社会科学出版社、2017年

『中国流動人口発展報告 2017』国家衛生和計画生育委員会流動人口司編、中国人口出版社、2017年

『中国省際人口遷移的空間区域分布特征及相関問題研究』李怡涵、中国社会科学出版社、2017年

『"一帯一路" 読本』秦玉才、周谷平、羅衛東、浙江大学出版社、2015年

『"一帯一路" 経済読本』陳甬軍、経済科学出版社、2017年

『習近平的七年知青歳月』中央党校採訪実録編集室、中共中央党校出版社、2017年

『馬雲：未来已来』阿里巴巴集団編、紅旗出版社、2017年

『竜象共舞』左学金、潘光、王徳華、上海社会科学院出版社、2007年

世界人口予測 2015 年版
https://esa.un.org/unpd/wpp/publications/files/key_findings_wpp_2015.pdf

世界人口予測 2017 年版
https://esa.un.org/unpd/wpp/publications/Files/WPP2017_KeyFindings.pdf

N.D.C. 352　221p　18cm
ISBN978-4-06-512048-4

講談社現代新書　2480

未来《みらい》の中国年表《ちゅうごくねんぴょう》　超高齢大国《ちょうこうれいたいこく》でこれから起《お》こること

二〇一八年六月二〇日第一刷発行

著者　近藤大介《こんどうだいすけ》　© Daisuke Kondo 2018

発行者　渡瀬昌彦

発行所　株式会社講談社
東京都文京区音羽二丁目一二―二一　郵便番号一一二―八〇〇一
電話　〇三―五三九五―三五二一　編集（現代新書）
〇三―五三九五―四四一五　販売
〇三―五三九五―三六一五　業務

装幀者　中島英樹

印刷所　凸版印刷株式会社

製本所　株式会社国宝社

定価はカバーに表示してあります　Printed in Japan

「講談社現代新書」の刊行にあたって

教養は万人が身をもって養い創造すべきものであって、一部の専門家の占有物として、ただ一方的に人々の手もとに配布され伝達されうるものではありません。

しかし、不幸にしてわが国の現状では、教養の重要な養いとなるべき書物は、ほとんど講壇からの天下りや単なる解説に終始し、知識技術を真剣に希求する青少年・学生・一般民衆の根本的な疑問や興味は、けっして十分に答えられ、解きほぐされ、手引きされることがありません。万人の内奥から発した真正の教養への芽ばえが、こうして放置され、むなしく滅びさる運命にゆだねられているのです。

このことは、中・高校だけで教育をおわる人々の成長をはばんでいるだけでなく、大学に進んだり、インテリと目されたりする人々の精神力の健康さえもむしばみ、わが国の文化の実質をまことに脆弱なものにしています。単なる博識以上の根強い思索力・判断力、および確かな技術にささえられた教養を必要とする日本の将来にとって、これは真剣に憂慮されなければならない事態であるといわなければなりません。

わたしたちの「講談社現代新書」は、この事態の克服を意図して計画されたものです。これによってわたしたちは、講壇からの天下りでもなく、単なる解説書でもない、もっぱら万人の魂に生ずる初発的かつ根本的な問題をとらえ、掘り起こし、手引きし、しかも最新の知識への展望を万人に確立させる書物を、新しく世の中に送り出したいと念願しています。

わたしたちは、創業以来民衆を対象とする啓蒙の仕事に専心してきた講談社にとって、これこそもっともふさわしい課題であり、伝統ある出版社としての義務でもあると考えているのです。

一九六四年四月　野間省一